如是我聞 一時 佛 在舍衛國
祇樹給孤獨園 與大比丘衆
千二百五十人俱 爾時 世尊
食時 著衣持鉢 入舍衛大城

乞食 於其城中 次第乞已 還至本處
飯食訖 收衣鉢 洗足已 敷座而坐

若卵生 若胎生 若濕生 若化生
若有色 若無色 若有想 若無想
若非有想 非無想 我皆令入無餘涅槃

佛告須菩提 諸菩薩摩訶薩
應如是降伏其心
所有一切衆生之類

而滅度之 如是滅度
無量無數無邊衆生 實無衆生 得滅度者
何以故 須菩提 若菩薩 有我相
人相 衆生相 壽者相 卽非菩薩

復次 須菩提 菩薩 於法
應無所住 行於布施
所謂不住色布施 不住聲香味觸法布施

東方虛空 可思量不 不也 世尊
須菩提 南西北方 四維上下虛空
可思量不 不也 世尊

須菩提 菩薩 應如是布施
不住於相 何以故 若菩薩 不住相布施
其福德 不可思量 須菩提 於意云何

금강반야바라밀경
불교 입문서 글쓰기

금강경
필사노트

시사정보연구원 편저

시사패스
SISAPASS.COM

금강반야바라밀경 불교 입문서 글쓰기

金剛經 금강경 필사노트

3쇄 발행   2023년 3월 10일

편저자   시사정보연구원
발행인   권윤삼
발행처   도서출판 산수야

등록번호   제1-1515호
주소   서울시 마포구 월드컵로 165-4
우편번호   03962
전화   02-332-9655
팩스   02-335-0674

ISBN 978-89-8097-432-0   03220

불교 입문서이자 반야부 경전의 핵심
우리나라에서 가장 널리 읽힌 필독서『금강경』

『금강경』은 수보리가 묻고 세존이 답하거나 세존이 수보리에게 반문하는 대화 형식으로 구성되어 있는 산스크리트 경전으로, 대승 경전 중에서 가장 간략하고, 제일 심오하며, 가장 정교한 경전으로 평가받고 있습니다.

『금강경』의 한역본은 요진시내 때 구마라집이 번역한 〈금강반야바라밀경〉, 북위시대 때 보리류지가 번역한 〈금강반야바라밀경〉, 진나라 때 진제가 번역한 〈금강반야바라밀경〉, 수나라 때 달마급다가 번역한 〈금강능단반야바라밀경〉, 당나라 때 현장이 번역한 〈능단금강반야바라밀다경〉, 당나라 의정이 번역한 〈능단금강반야바라밀경〉 등이 있습니다.

우리나라에서 가장 널리 유통되고 신봉되었던 대표적인 불경인『금강경』은『금강반야경(金剛般若經)』,『금강반야바라밀경(金剛般若波羅蜜經)』이라고도 합니다. 우리나라에 불교가 처음 전해진 삼국시내에 전래된『금강경』은 고려 중기에 지눌이 불교를 배우고자 하는 사람들의 입법(立法)을 위해서 반드시 이 경을 읽게 한 뒤부터 널리 유통되었다고 합니다.

불교 입문서이며 우리나라 불자들에게 반야심경과 함께 가장 사랑받고 있는 불경이자 독송이나 사경 등 수행 방편으로 최고로 손꼽히는 경전인 『금강경』은 대승불교 경전들 가운데 하나로 반야부의 기본 사상을 함축하고 있습니다. 조계종과 태고종, 총화종 등에서 근본경전으로 채택하고 있는 『금강경』은 백여 개의 불교단체에서 필독 경전으로 존숭되고 있습니다.

40여 종의 반야부 경전 가운데 하나인 『금강경』은 방대한 반야부 경전의 핵심을 간략하게 정리한 것으로 삼십 분이면 완독이 가능합니다. 자신에게 주어진 하루 중에서 짧은 시간이라도 할애하여 깊은 뜻을 담고 있는 금강경을 늘 곁에 두고 읽고 쓴다면 이 책이 담고 있는 내용을 깨치는 데 도움이 될 것입니다.

본사에서는 우리나라 불자들에게 널리 사랑받고 있는 경전인 『금강경』을 한자와 한글을 한 구절 한 구절 읽고, 쓰고, 외우면서 마음에 새길 수 있도록 구성하였습니다. 원문에 충실한 내용만을 실었기 때문에 『금강경』의 깊은 뜻을 스스로 찾아보는 시간을 가질 수 있을 것입니다.

글씨는 자신을 드러내는 거울이며 향기라고 성현들이 말했듯이 정성들여 또박또박 적다 보면 어느덧 깊은 울림을 발견할 수 있을 것입니다. 경구 하나 하나가 오랫동안 여러분들의 마음에 새겨지기를 기원합니다.

차례

★ 한자 쓰기의 기본 원칙

1. 위에서 아래로 쓴다.
   言(말씀 언) → ` 二 三 言 言 言 言
   雲(구름 운) → ` 二 戸 币 币 雨 雲 雲 雲 雲 雲

2. 왼쪽에서 오른쪽으로 쓴다.
   江(강 강) → ` ` 氵 氵 江 江
   例(법식 예) → ノ イ 亻 仴 伢 伢 例 例

3. 가로획과 세로획이 겹칠 때는 가로획을 먼저 쓴다.
   用(쓸 용) → ） 丿 月 月 用
   共(함께 공) → 一 十 ナ 井 共 共

4. 삐침과 파임이 만날 때는 삐침을 먼저 쓴다.
   人(사람 인) → ノ 人
   文(글월 문) → ` 亠 ナ 文

5. 좌우가 대칭될 때에는 가운데를 먼저 쓴다.
   小(작을 소) → ） 小 小
   承(받들 승) → ⁊ 了 了 孑 手 承 承 承

6. 둘러싼 모양으로 된 자는 바깥쪽을 먼저 쓴다.
   同(같을 동) → ） 冂 月 同 同 同
   病(병날 병) → ` 亠 广 广 疒 疒 疒 病 病 病

7. 글자를 가로지르는 가로획은 나중에 긋는다.
   女(여자 녀) → ㄑ 女 女
   母(어미 모) → ㄑ 母 母 母 母

8. 글자 전체를 꿰뚫는 세로획은 나중에 쓴다.
   車(수레 거) → 一 厂 戸 百 盲 亘 車
   事(일 사) → 一 ㄇ 戸 戸 亘 틁 틁 事

9. 책받침(辶, 廴)은 나중에 쓴다

　　近(원근 근) → 　´　｢　Ｆ　斤　近　近　近

　　建(세울 건) → 　フ　ヲ　ヨ　ヨ　ヨ　聿　聿　律　建

10. 오른쪽 위에 점이 있는 글자는 그 점을 나중에 찍는다.

　　犬(개 견) → 　一　ナ　大　犬

　　成(이룰 성) → 　丿　厂　Ｆ　厈　成　成　成

■ 한자의 기본 점(點)과 획(劃)

　　(1) 점

　　　　① 「丶」: 왼점　　　　　　　② 「丶」: 오른점

　　　　③ 「丷」: 오른 치킴　　　　④ 「丿」: 오른점 삐침

　　(2) 직선

　　　　⑤ 「一」: 가로긋기　　　　　⑥ 「丨」: 내리긋기

　　　　⑦ 「→」: 평갈고리　　　　　⑧ 「丨」: 왼 갈고리

　　　　⑨ 「ﾚ」: 오른 갈고리

　　(3) 곡선

　　　　⑩ 「丿」: 삐침　　　　　　　⑪ 「✓」: 치킴

　　　　⑫ 「丶」: 파임　　　　　　　⑬ 「辶」: 받침

　　　　⑭ 「亅」: 굽은 갈고리　　　⑮ 「乁」: 지게다리

　　　　⑯ 「乀」: 누운 지게다리　　⑰ 「乚」: 새가슴

少 ①②	火 ③④	主 ⑤	伸 ⑥	揮 ⑦⑧	表 ⑨
冷 ⑩⑪⑫	送 ⑬	乎 ⑭	式 ⑮	忠 ⑯	兄 ⑰

7

如是我聞 一時 佛 在舍衛國 祇樹給孤獨園
여시아문 일시 불 재사위국 기수급고독원

與大比丘衆 千二百五十人 俱 爾時 世尊
여대비구중 천이백오십인 구 이시 세존

食時 着衣持鉢 入舍衛大城 乞食 於其城中
식시 착의지발 입사위대성 걸식 어기성중

次第乞已 還至本處 飯食訖 收衣鉢 洗足已
차제걸이 환지본처 반사흘 수의발 세족이

敷座而坐
부좌이좌

이와 같이 나는 들었다. 한 때 부처님께서 사위국 기수급고독원에 큰 비구들과 대중 천이백오십 명과 함께 계셨다. 부처님께서 공양하실 때가 이르러 가사를 입고 발우를 들고 사위성 안으로 들어가셨다. 집집마다 차례대로 비신 후에 본 곳으로 돌아와 공양을 마치셨다. 그리고 의발을 거두시고 발을 씻으신 후 자리를 펴고 앉으셨다.

如是我聞 一時 佛 在舍衛國 祇樹給孤獨園
與大比丘衆 千二百五十人 俱 爾時 世尊
食時 著衣持鉢 入舍衛大城 乞食 於其城中
次第乞已 還至本處 飯食訖 收衣鉢 洗足已
敷座而坐

2. 善現起請分 선현기청분

時 長老須菩提 在大衆中 卽從座起 偏袒右
시 장로수보리 재대중중 즉종좌기 편단우

肩 右膝着地 合掌恭敬 而白佛言 希有世尊
견 우슬착지 합장공경 이백불언 희유세존

如來 善護念諸菩薩 善付囑諸菩薩 世尊 善
여래 선호념제보살 선부촉제보살 세존 선

男子 善女人 發阿耨多羅三藐三菩提心 應
남자 선여인 발아뇩다라삼먁삼보리심 응

云何住 云何降伏其心 佛言 善哉善哉 須菩
운하주 운하항복기심 불언 선재선재 수보

提 如汝所說 如來 善護念諸菩薩 善付囑諸
리 여여소설 여래 선호념제보살 선부촉제

菩薩 汝今諦聽 當爲汝說 善男子善女人 發
보살 여금제청 당위여설 선남자선여인 발

阿耨多羅三藐三菩提心 應如是住 如是降伏
아뇩다라삼먁삼보리심 응여시주 여시항복

其心 唯然 世尊 願樂欲聞
기심 유연 세존 원요욕문

그때 장로 수보리가 대중들 가운데서 일어나 오른쪽 어깨를 걷고, 오른쪽 무릎을 땅에 꿇어 부처님께 합장 공경한 후 이렇게 여쭈었다. "드물게 계신 세존이시여! 여래께서는 모든 보살들을 항상 살펴 잊지 않으시고, 깨달음을 얻어라 부촉하십니다. 세존이시여! 선남자나 선여인이 아뇩다라삼먁삼보리(위없이 올바른 깨달음으로 향하는 마음)의 마음을 내려면 이는 어떻게 그 마음을 머무르게 하며, 또 어떻게 다스려 항복을 받아야 합니까?" 부처님께서 말씀하셨다. "착하고 착하도다, 수보리야, 네 말과 같이 여래는 모든 보살들을 항상 살펴 잊지 않고, 그들이 깨달음을 얻도록 부촉하느니라. 너는 이제 자세히 들으라. 내 너를 위해 말해 주리라. 선남자 선여인으로 아뇩다라삼먁삼보리의 마음을 내었을진대 이는 항상 마음을 이렇게 머무르게 하며, 그 마음을 항복받을지니라." "그러하오니 세존이시여! 바라옵건대 제가 즐거이 듣고자 하옵니다."

時 長老須菩提 在大眾中 即從座起 偏袒右
肩 右膝着地 合掌恭敬 而白佛言 希有世尊
如來 善護念諸菩薩 善付囑諸菩薩 世尊 善
男子 善女人 發阿耨多羅三藐三菩提心 應
云何住 云何降伏其心 佛言 善哉善哉 須菩
提 如汝所說 如來 善護念諸菩薩 善付囑諸
菩薩 汝今諦聽 當為汝說 善男子善女人 發
阿耨多羅三藐三菩提心 應如是住 如是降伏
其心 唯然 世尊 願樂欲聞

佛告須菩提 諸菩薩摩訶薩 應如是降伏其心
불고수보리 제보살마하살 응여시항복기심

所有一切衆生之類 若卵生 若胎生 若濕生
소유일체중생지류 약난생 약태생 약습생

若化生 若有色 若無色 若有想 若無想 若非
약화생 약유색 약무색 약유상 약무상 약비

有想 非無想 我皆令入無餘涅槃 而滅度之
유상 비무상 아개영입무여열반 이멸도지

如是滅度 無量無數無邊衆生 實無衆生 得
여시멸도 무량무수무변중생 실무중생 득

滅度者 何以故 須菩提 若菩薩 有我相 人相
멸도자 하이고 수보리 약보살 유아상 인상

衆生相 壽者相 卽非菩薩
중생상 수자상 즉비보살

부처님께서 수보리에게 말씀하셨다. "모든 보살 마하살은 마땅히 다음과 같이 그 마음을 항복받을지니라. 살아 있는 모든 중생의 무리가 알로 생겨난 것이거나 태로 생겨난 것, 또는 습기로 생겨난 것이나 화하여 난 것, 혹은 형상이 있는 것이나 형상이 없는 것, 생각이 있는 것이나 생각이 없는 것, 혹은 생각이 있는 것도 아니고 생각이 없는 것도 아닌 것들을 나는 남김없이 열반에 들도록 할 것이다. 이처럼 한량없고 셀 수도 없는 가없는 중생을 멸도하지만, 실제로 멸도를 받은 중생은 없다. 무슨 까닭이냐? 수보리야, 만약 보살이 나(我)라는 생각이나, 남이라는 생각, 중생이라는 생각이나, 수자라는 생각이 있으면 보살이 아니기 때문이니라."

佛告須菩提 諸菩薩摩訶薩 應如是降伏其心
所有一切眾生之類 若卵生 若胎生 若濕生
若化生 若有色 若無色 若有想 若無想 若非
有想 非無想 我皆令入無餘涅槃 而滅度之
如是滅度 無量無數無邊眾生 實無眾生 得
滅度者 何以故 須菩提 若菩薩 有我相 人相
眾生相 壽者相 即非菩薩

復次 須菩提 菩薩 於法 應無所住 行於布施
부차 수보리 보살 어법 응무소주 행어보시

所謂不住色布施 不住聲香味觸法布施 須菩
소위부주색보시 부주성향미촉법보시 수보

提 菩薩 應如是布施 不住於相 何以故 若菩
리 보살 응여시보시 부주어상 하이고 약보

薩 不住相布施 其福德 不可思量 須菩提 於
살 부주상보시 기복덕 불가사량 수보리 어

意云何 東方虛空 可思量不 不也 世尊 須菩
의운하 동방허공 가사량부 불야 세존 수보

提 南西北方 四維上下虛空 可思量不 不也
리 남서북방 사유상하허공 가사량부 불야

世尊 須菩提 菩薩 無住相布施福德 亦復如
세존 수보리 보살 무주상보시복덕 역부여

是 不可思量 須菩提 菩薩 但應如所教住
시 불가사량 수보리 보살 단응여소교주

"또 수보리야, 보살은 마땅히 법에 머물지 말고 보시할지니라. 이른바 색에 머물지 않고 보시할 것이며, 소리나 향기, 냄새나 맛, 감촉, 대상에 머무르지 않는 보시를 할지니라. 수보리야, 보살은 마땅히 이처럼 보시하되, 그 모습에 머무르지 말지니 무슨 까닭이냐? 만약 보살이 그 모습에 머무르지 않고 보시를 하면, 그 복덕은 가히 생각으로 헤아릴 수 없느니라. 수보리야, 그대의 뜻은 어떠하냐? 동방의 허공을 가히 생각으로 헤아릴 수 있겠느냐?" "못하겠습니다, 세존이시여." "수보리야, 남서북방과 네 모퉁이 위아래의 허공을 가히 생각으로 헤아릴 수 있겠느냐?" "못하겠습니다, 세존이시여." "수보리야, 보살이 모습에 머물지 않고 하는 보시는 복덕도 이와 같아서 생각으로 헤아리기 힘든 것이니라. 수보리야, 보살은 마땅히 내가 가르쳐준 대로 믿고 따라 행해야 하느니라."

復次 須菩提 菩薩 於法 應無所住 行於布施
所謂不住色布施 不住聲香味觸法布施 須菩
提 菩薩 應如是布施 不住於相 何以故 若菩
薩 不住相布施 其福德 不可思量 須菩提 於
意云何 東方虛空 可思量不 不也 世尊 須菩
提 南西北方 四維上下虛空 可思量不 不也
世尊 須菩提 菩薩 無住相布施福德 亦復如
是 不可思量 須菩提 菩薩 但應如所教住

5. 如理實見分 여리실견분

須菩提 於意云何 可以身相 見如來不 不也
수보리 어의운하 가이신상 견여래부 불야

世尊 不可以身相 得見如來 何以故 如來所
세존 불가이신상 득견여래 하이고 여래소

說身相 即非身相 佛告須菩提 凡所有相 皆
설신상 즉비신상 불고수보리 범소유상 개

是虛妄 若見諸相 非相 即見如來
시허망 약견제상 비상 즉견여래

"수보리야, 너는 어떻게 생각하느냐. 눈에 보이고 드러나는 모습으로 여래를 볼
수 있겠느냐?" "뵈올 수 없습니다. 부처님이시여! 왜냐하면 부처님께서 이렇게 말
씀하셨기 때문입니다. 여래의 모습이 곧 여래는 아니라고 말씀하셨습니다." 부처
님께서 수보리에게 말씀하셨다. "무릇 이 세상에 있는 모습은 모두 허망하니 만약
모든 모습을 '아닌 모습'으로 볼 때, 곧 여래를 봄이니라."

須菩提 於意云何 可以身相 見如來不 不也
世尊 不可以身相 得見如來 何以故 如來所
說身相 即非身相 佛告須菩提 凡所有相 皆
是虛妄 若見諸相 非相 即見如來

6. 正信希有分 정신희유분

須菩提 白佛言 世尊 頗有眾生 得聞如是言
수보리 백불언 세존 파유중생 득문여시언

說章句 生實信不 佛告須菩提 莫作是說 如
설장구 생실신부 불고수보리 막작시설 여

來滅後 後五百歲 有持戒修福者 於此章句
래멸후 후오백세 유지계수복자 어차장구

能生信心 以此爲實 當知是人 不於一佛二
능생신심 이차위실 당지시인 불어일불이

佛三四五佛 而種善根 已於無量千萬佛所
불삼사오불 이종선근 이어무량천만불소

種諸善根 聞是章句 乃至一念 生淨信者 須
종제선근 문시장구 내지일념 생정신자 수

菩提 如來 悉知悉見 是諸眾生 得如是 無量
보리 여래 실지실견 시제중생 득여시 무량

福德
복덕

수보리가 부처님께 여쭈었다. "세존이시여! 중생들이 이와 같은 말씀을 듣고 참된 마음을 일으키겠습니까?" 부처님께서 수보리에게 말씀하셨다. "그런 말은 하지 말라. 여래가 열반에 든 지 5백세가 지나도 계를 지키고 복을 닦는 자가 있으면, 이 법문의 말씀을 듣자마자 능히 믿음을 일으켜, 진실되게 믿을 것이다. 그대는 알지어다. 이 사람이 한 부처님이나, 둘, 셋, 넷, 다섯 부처님에게만 선근을 심은 것이 아니라, 이미 한량없는 천만 부처님이 계시는 곳에 선근을 심었기 때문에, 이 법문의 한 마디로 한 생각이라도 깨끗한 믿음을 낼 것이다. 수보리야, 여래께서는 이 모든 중생이 이와 같이 헤아릴 수 없는 복덕을 얻으리라는 것을 다 아시느니라.

18

須菩提 白佛言 世尊 頗有眾生 得聞如是言
說章句 生實信不 佛告須菩提 莫作是說 如
來滅後 後五百歲 有持戒修福者 於此章句
能生信心 以此為實 當知是人 不於一佛二
佛三四五佛 而種善根 已於無量千萬佛所
種諸善根 聞是章句 乃至一念 生淨信者 須
菩提 如來 悉知悉見 是諸眾生 得如是 無量
福德

6. 正信希有分 정신희유분

何以故 是諸衆生 無復我相 人相 衆生相 壽
하이고 시제중생 무부아상 인상 중생상 수

者相 無法相 亦無非法相 何以故 是諸衆生
자상 무법상 역무비법상 하이고 시제중생

若心取相 則爲着我人衆生壽者 若取法相
약심취상 즉위착아인중생수자 약취법상

卽着我人衆生壽者 何以故 若取非法相 卽
즉착아인중생수자 하이고 약취비법상 즉

着我人衆生壽者 是故 不應取法 不應取非
착아인중생수자 시고 불응취법 불응취비

法 以是義故 如來常說 汝等比丘 知我說法
법 이시의고 여래상설 여등비구 지아설법

如筏喻者 法尚應捨 何況非法
여벌유자 법상응사 하황비법

무슨 까닭인가 하면, 이 모든 중생은 이미 아상, 인상, 중생상, 수자상이 없으며,
법상도 없고, 법상이 아닌 것도 없기 때문이니라. 무슨 까닭인가 하면, 이 모든 중
생이 만약 마음에 어떤 모습을 낸다면, 그는 곧 아상, 인상, 중생상, 수자상에 집
착한 것이다. 무슨 까닭인가 하면, 법상을 내더라도, 곧 아상, 인상, 중생상, 수자
상에 집착한 것이니라. 무슨 까닭인가 하면, 법 아닌 것을 취할지라도 곧 아상, 인
상, 중생상, 수자상에 집착하게 되기 때문이니라. 이런 까닭으로 법에 집착하지도
말며, 법 아닌 것에도 집착하지 말라. 이런 까닭으로 여래가 항상 말씀하시기를
'너희들 비구는 모든 설법이 뗏목의 비유와 같다' 고 하셨다. 이를 아는 사람은 당
연히 법조차 버릴진대, 하물며 법 아닌 것이랴!"

何以故 是諸眾生 無復我相 人相 眾生相 壽
者相 無法相 亦無非法相 何以故 是諸眾生
若心取相 則爲着我人眾生壽者 若取法相
卽着我人眾生壽者 何以故 若取非法相 卽
着我人眾生壽者 是故 不應取法 不應取非
法 以是義故 如來常說 汝等比丘 知我說法
如筏喻者 法尚應捨 何況非法

須菩提 於意云何 如來 得阿耨多羅三藐三
수보리 어의운하 여래 득아뇩다라삼먁삼

菩提耶 如來有 所說法耶 須菩提言 如我解
보리야 여래유 소설법야 수보리언 여아해

佛所說義 無有定法 名阿耨多羅三藐三菩提
불소설의 무유정법 명아뇩다라삼먁삼보리

亦無有定法 如來可說 何以故 如來所說法
역무유정법 여래가설 하이고 여래소설법

皆不可取 不可說 非法 非非法 所以者何 一
개불가취 불가설 비법 비비법 소이자하 일

切賢聖 皆以無爲法 而有差別
체현성 개이무위법 이유차별

"수보리야, 너는 어떻게 생각하느냐? 여래가 아뇩다라삼먁삼보리를 얻었겠느냐? 여래가 설법하신 법이 있나?" 이에 수보리가 아뢰었다. "제가 부처님께서 말씀하신 가르침을 이해하기로는 정한 법이 없는 것을 이름하여 아뇩다라삼먁삼보리라 합니다. 그리고 여래께서 특정한 법이 없음을 설법하신 것이니, 왜냐하면 여래께서 말씀하신바 법은 다 취할 수도 없고, 말할 수도 없으며, 법이라거나 법이 아니라고도 할 수 없기 때문입니다. 왜 그런가 하면 모든 성현은 무위법으로 이르시되 차별이 있기 때문입니다."

須菩提 於意云何 如來 得阿耨多羅三藐三
菩提耶 如來有 所說法耶 須菩提言 如我解
佛所說義 無有定法 名阿耨多羅三藐三菩提
亦無有定法 如來可說 何以故 如來所說法
皆不可取 不可說 非法 非非法 所以者何 一
切賢聖 皆以無爲法 而有差別

須菩提 於意云何 若人 滿三千大千世界七
수보리 어의운하 약인 만삼천대천세계칠

寶 以用布施 是人 所得福德 寧爲多不 須菩
보 이용보시 시인 소득복덕 영위다부 수보

提言 甚多 世尊 何以故 是福德 卽非福德性
리언 심다 세존 하이고 시복덕 즉비복덕성

是故 如來說福德多 若復有人 於此經中 受
시고 여래설복덕다 약부유인 어차경중 수

持乃至四句偈等 爲他人說 其福 勝彼 何以
지내지사구게등 위타인설 기복 승피 하이

故 須菩提 一切諸佛 及諸佛 阿耨多羅三藐
고 수보리 일체제불 급제불 아뇩다라삼막

三菩提法 皆從此經 出 須菩提 所謂佛法者
삼보리법 개종차경 출 수보리 소위불법자

卽非佛法
즉비불법

"수보리야, 너는 어떻게 생각하느냐? 만약 어떤 사람이 삼천대천세계에 가득 찬 일곱 가지 보물로 보시한다면 그 사람이 얻을 복덕은 얼마나 많겠느냐?" 수보리가 아뢰었다. "실로 많을 것입니다. 세존이시여, 왜냐하면 이 복덕은 참된 복덕이 아니기 때문입니다. 그래서 여래께서는 복덕이 많다고 말씀하십니다." "수보리야, 만약 어떤 사람이 있어, 이 경 가운데 사구게만이라도 받아서 남을 위하여 얘기해 준다면, 그 복덕이 칠보로 보시한 이의 복덕보다 나을 것이다. 왜 그런가 하면 수보리야, 모든 부처님과 모든 부처님의 아뇩다라삼막삼보리법이 다 이 경에서 비롯되기 때문이니라. 수보리야, 이른바 불법이란 곧 불법이 아니니라."

須菩提 於意云何 若人 滿三千大千世界七
寶 以用布施 是人 所得福德 寧爲多不 須菩
提言 甚多 世尊 何以故 是福德 卽非福德性
是故 如來說福德多 若復有人 於此經中 受
持乃至四句偈等 爲他人說 其福勝彼 何以
故 須菩提 一切諸佛 及諸佛 阿耨多羅三藐
三菩提法 皆從此經 出 須菩提 所謂佛法者
卽非佛法

須菩提 於意云何 須陀洹 能作是念 阿得須
수보리 어의운하 수다원 능작시념 아득수

陀洹果不 須菩提言 不也 世尊 何以故 須陀
다원과부 수보리언 불야 세존 하이고 수다

洹 名謂入流 而無所入 不入色聲香味觸法
원 명위입류 이무소입 불입색성향미촉법

是名 須陀洹 須菩提 於意云何 斯陀含 能作
시명 수다원 수보리 어의운하 사다함 능작

是念 我得斯陀含果不 須菩提言 不也 世尊
시념 아득사다함과부 수보리언 불야 세존

何以故 斯陀含 名一往來 而實無往來 是名
하이고 사다함 명일왕래 이실무왕래 시명

斯陀含 須菩提 於意云何 阿那含 能作是念
사다함 수보리 어의운하 아나함 능작시념

我得我那含果不 須菩提言 不也 世尊 何以故
아득아나함과부 수보리언 불야 세존 하이고

阿那含 名謂不來 而實無不來 是故 名阿那含
아나함 명위블래 이실무블래 시고 명아나함

"수보리야, 너는 어떻게 생각하느냐? 수다원이 '나는 수다원과를 얻었다'고 하면 되겠느냐?" 수보리가 아뢰었다. "그렇지 않습니다, 세존이시여. 왜냐하면 수다원이란 성인의 경지에 든다는 것을 가리키는 말이지만 들어간 바도 없고, 형상, 소리, 냄새, 맛, 촉감, 느낌과 법에 들어가지 않음을 일러 그저 이름하여 수다원이라 할 따름입니다." "수보리야, 너는 어떻게 생각하느냐? 사다함이 '나는 사다함과를 얻었다'고 하면 되겠느냐?" 수보리가 아뢰었다. "그렇지 않습니다, 세존이시여. 왜냐하면 사다함이란 한번 갔다 온다는 뜻이오나, 실로 왕래함이 없는 까닭에 그저 이름하여 사다함이라 할 따름입니다." "수보리야, 너는 어떻게 생각하느냐? 아나함이 '나는 아나함과를 얻었다'고 하면 되겠느냐?" 수보리가 아뢰었다. "그렇지 않습니다, 세존이시여. 아나함이란 다시 이 세상에 오지 않는다는 것을 가리키는 이름이오나, 실은 오지 않음이 없는 까닭에 그저 이름하여 아나함이라 할 따름입니다."

須菩提 於意云何 須陀洹 能作是念 阿得須
陀洹果不 須菩提言 不也 世尊 何以故 須陀
洹 名謂入流 而無所入 不入色聲香味觸法
是名 須陀洹 須菩提 於意云何 斯陀含 能作
是念 我得斯陀含果不 須菩提言 不也 世尊
何以故 斯陀含 名一往來 而實無往來 是名
斯陀含 須菩提 於意云何 阿那含 能作是念
我得我那含果不 須菩提言 不也 世尊 何以故
阿那含 名謂不來 而實無不來 是故 名阿那含

27

須菩提 於意云何 阿羅漢 能作是念 我得阿
수보리 어의운하 아라한 능작시념 아득아

羅漢道不 須菩提言 不也 世尊 何以故 實無
라한도부 수보리언 불야 세존 하이고 실무

有法 名阿羅漢 世尊 若阿羅漢 作是念 我得
유법 명아라한 세존 약아라한 작시념 아득

阿羅漢道 卽爲着我人衆生壽者 世尊 佛說
아라한도 즉위착아인중생수자 세존 불설

我得無諍三昧 人中 最爲第一 是 第一離欲
아득무쟁삼매 인중 최위제일 시 제일이욕

阿羅漢 世尊 我不作是念 我是離欲阿羅漢
아라한 세존 아부작시념 아시이욕아라한

世尊 我若作是念 我得阿羅漢道 世尊 卽佛
세존 아약작시념 아득아라한도 세존 즉불

說須菩提 是樂阿蘭那行者 以須菩提 實無
설수보리 시요아란나행자 이수보리 실무

所行 而名須菩提 是樂阿蘭那行
소행 이명수보리 시요아란나행

"수보리야, 너는 어떻게 생각하느냐? 아라한이 '나는 아라한도를 얻었다'고 하면 되겠느냐?" 수보리가 아뢰었다. "그렇지 않습니다, 세존이시여. 왜냐하면 실로 모든 법이 없다는 것을 일러 아라한이라 하니 세존이시여, 만일 아라한이 '나는 아라한도를 얻었다'고 한다면, 벌써 아상, 인상, 중생상, 수자상에 집착하기 때문입니다. 세존이시여, 부처님께서는 제가 다툼 없는 삼매를 얻어, 사람 가운데 으뜸이라 말씀하신다면 세존이시여, 제가 이런 생각을 가진다면, 저는 이미 욕심을 떠난 아라한이라고 할 수 없습니다. 세존이시여, 제가 만약 '아라한도를 얻었다'는 생각을 한다면, 세존께서는 수보리가 아란나행을 즐기는 자라고 말씀하시지 않으셨을 것입니다. 하오나 저는 실로 행한 바가 없기 때문에 수보리가 아란나행을 즐기는 자라고 말씀하신 것입니다."

須菩提 於意云何 阿羅漢 能作是念 我得阿
羅漢道不 須菩提言 不也 世尊 何以故 實無
有法 名阿羅漢 世尊 若阿羅漢 作是念 我得
阿羅漢道 卽爲着我人眾生壽者 世尊 佛說
我得無諍三昧 人中 最爲第一 是 第一離欲
阿羅漢 世尊 我不作是念 我是離欲阿羅漢
世尊 我若作是念 我得阿羅漢道 世尊 卽佛
說須菩提 是樂阿蘭那行者 以須菩提 實無
所行 而名須菩提 是樂阿蘭那行

佛告須菩提 於意云何 如來 昔在燃燈佛所 於
불 고 수 보 리 어 의 운 하 여 래 석 재 연 등 불 소 어

法 有所得不 不也 世尊 如來在燃燈佛所 於法
법 유 소 득 부 불 야 세 존 여 래 재 연 등 불 소 어 법

實無所得 須菩提 於意云何 菩薩 莊嚴佛土不
실 무 소 득 수 보 리 어 의 운 하 보 살 장 엄 불 토 부

不也 世尊 何以故 莊嚴佛土者 卽非莊嚴 是名
불 야 세 존 하 이 고 장 엄 불 토 자 즉 비 장 엄 시 명

莊嚴 是故 須菩提 諸菩薩摩訶薩 應如是生淸
장 엄 시 고 수 보 리 제 보 살 마 하 살 응 여 시 생 청

淨心 不應住色生心 不應住聲香味觸法生心
정 심 불 응 주 색 생 심 불 응 주 성 향 미 촉 법 생 심

應無所住 而生其心 須菩提 譬如有人 身如須
응 무 소 주 이 생 기 심 수 보 리 비 여 유 인 신 여 수

彌山王 於意云何 是身 爲大不 須菩提言 甚大
미 산 왕 어 의 운 하 시 신 위 대 부 수 보 리 언 심 대

世尊 何以故 佛說非身 是名大身
세 존 하 이 고 불 설 비 신 시 명 대 신

부처님께서 수보리에게 말씀하셨다. "너는 어떻게 생각하느냐? 여래가 오랜 옛날 연등불이 계신 곳에서 법을 얻은 바가 있었겠느냐?" "그렇지 않습니다, 세존이시여. 여래께서는 연등불이 계시던 곳에서 실로 법을 얻지 못하셨습니다." "수보리야, 너는 어떻게 생각하느냐? 보살이 불토를 장엄한다 하겠느냐?" "그렇지 않습니다, 세존이시여. 왜냐하면 장엄한다는 것은 곧 장엄이 아니고, 그 이름만 장엄이기 때문입니다." "이런 까닭에 수보리야, 모든 보살 마하살은 마땅히 이와 같은 청정한 마음을 낼지니 색에 얽매어서 마음을 내지 말며, 또 소리나 향기나 맛이나 느낌, 법에 얽매이는 마음을 내지 말며, 마땅히 마음이 머무르는 바 없는 그 마음을 낼지니라. 수보리야, 예를 들어 어떤 사람이 수미산왕만큼 몸이 크다면, 너는 그 사람의 몸이 크다고 하겠느냐?" 수보리가 대답하였다. "매우 커옵니다, 세존이시여. 왜냐하면 부처님께서 몸이 아닌 것을 말씀하시어 큰 몸이라고 하시기 때문입니다."

佛告須菩提 於意云何 如來 昔在燃燈佛所 於
法 有所得不 不也 世尊 如來在燃燈佛所 於法
實無所得 須菩提 於意云何 菩薩 莊嚴佛土不
不也 世尊 何以故 莊嚴佛土者 即非莊嚴 是名
莊嚴 是故 須菩提 諸菩薩摩訶薩 應如是生清
淨心 不應住色生心 不應住聲香味觸法生心
應無所住 而生其心 須菩提 譬如有人 身如須
彌山王 於意云何 是身 爲大不 須菩提言 甚大
世尊 何以故 佛說非身 是名大身

11. 無爲福勝分 무위복승분

須菩提 如恒河中 所有沙數 如是沙等恒河
수보리 여항하중 소유사수 여시사등항하

於意云河 是諸恒河沙 寧爲多不 須菩提言
어의운하 시제항하사 영위다부 수보리언

甚多 世尊 但諸恒河 尚多無數 何況其沙 須
심다 세존 단제항하 상다무수 하황기사 수

菩提 我今 實言 告汝 若有善男子 善女人 以
보리 아금 실언 고여 약유선남자 선여인 이

七寶 滿爾所恒河沙數 三千大千世界 以用布
칠보 만이소항하사수 삼천대천세계 이용보

施 得福 多不 須菩提言 甚多 世尊 佛告須菩
시 득복 다부 수보리언 심다 세존 불고수보

提 若善男子善女人 於此經中 乃至受持四句
리 약선남자선여인 어차경중 내지수지사구

偈等 爲他人說 而此福德 勝前福德
게등 위타인설 이차복덕 승전복덕

"수보리야, 저 항하의 모래알처럼 많은 항하가 있다고 한다면, 너는 어떻게 생각하느냐? 그 모든 항하의 모래가 얼마나 많다 하겠느냐?" 수보리가 아뢰었다. "매우 많습니다, 세존이시여. 그 모든 항하도 수없이 많거늘, 하물며 그 모래이겠습니까?" "수보리야, 내가 이제 참다운 말로 네게 이르노니, 만약 선남자 선여인이 있어 저 항하의 모래알만큼 삼천대천세계에 가득 찬 칠보로 보시한다면, 그 복덕이 얼마나 많겠느냐?" 수보리가 아뢰었다. "매우 많습니다, 세존이시여." 부처님께서 수보리에게 이르셨다. "만약 선남자 선여인이 이 경 가운데 단지 사구게만이라도 받아 지니고 남을 위해 일러준다면, 이러한 복덕이 오히려 앞에서 말한 복덕보다 나으리라."

須菩提 如恒河中 所有沙數 如是沙等恒河
於意云何 是諸恒河沙 寧爲多不 須菩提言
甚多 世尊 但諸恒河 尚多無數 何況其沙 須
菩提 我今 實言 告汝 若有善男子 善女人 以
七寶 滿爾所恒河沙數 三千大千世界 以用布
施 得福 多不 須菩提言 甚多 世尊 佛告須菩
提 若善男子善女人 於此經中 乃至受持四句
偈等 爲他人說 而此福德 勝前福德

復次 須菩提 隨說是經 乃至四句偈等 當知
부차 수보리 수설시경 내지사구게등 당지

此處 一切世間天人阿修羅 皆應供養 如佛
차처 일체세간천인아수라 개응공양 여불

塔廟 何況有人 盡能受持讀誦 須菩提 當知
탑묘 하황유인 진능수지독송 수보리 당지

是人 成就最上第一希有之法 若是經典 所
시인 성취최상제일희유지법 약시경전 소

在之處 卽爲有佛 若尊重弟子
재지처 즉위유불 약존중제자

"다시 수보리야, 이 경을 설하되 이에 사구게 등이라도 따르면 마땅히 알아라. 이 곳은 온갖 세간의 하늘과 사람과 아수라가 모두 공양하기를 마치 부처님의 탑묘와 같이 할 것이다. 하물며 이 경을 참되게 받아 지녀서 읽고 외움이랴! 수보리야, 마땅히 알라. 이 사람은 가장 높고도 제일가는 희유한 법을 이룰 것이니, 만약 이 경전이 있는 곳에는 곧 부처님이 머물러 계시고, 훌륭한 제자들이 있느니라."

復次 須菩提 隨說是經 乃至四句偈等 當知
此處 一切世間天人阿修羅 皆應供養 如佛
塔廟 何況有人 盡能受持讀誦 須菩提 當知
是人 成就最上第一希有之法 若是經典 所
在之處 即爲有佛 若尊重弟子

爾時 須菩提 白佛言 世尊 當何名此經 我等
이시 수보리 백불언 세존 당하명차경 아등

云何奉持 佛告須菩提 是經 名爲金剛般若
운하봉지 불고수보리 시경 명위금강반야

波羅密 以是名字 汝當奉持 所以者何 須菩
바라밀 이시명자 여당봉지 소이자하 수보

提 佛說般若波羅密 卽非般若波羅密 是名
리 불설반야바라밀 즉비반야바라밀 시명

般若波羅密 須菩提 於意云何 如來 有所說
반야바라밀 수보리 어의운하 여래 유소설

法不 須菩提 白佛言 世尊 如來 無所說 須
법부 수보리 백불언 세존 여래 무소설 수

菩提 於意云何 三千大千世界 所有微塵 是
보리 어의운하 삼천대천세계 소유미진 시

爲多不
위다부

그때 수보리가 부처님께 아뢰었다. "세존이시여, 이 경을 무엇이라 이름하오며, 우리들은 어떻게 받들어 지녀야 합니까?" 부처님이 수보리에서 말씀하셨다. "이 경의 이름은 금강반야바라밀이니, 이런 이름으로 너희들은 마땅히 받들고 지녀야 하느니라. 왜냐하면 수보리야, 부처님이 말씀하신 반야바라밀은 곧 반야바라밀이 아니요, 그 이름이 반야바라밀인 까닭이다. 수보리야, 너는 어떻게 생각하느냐? 여래가 설한 법이 있느냐?" 수보리가 부처님께 여쭈되, "세존이시여, 여래께서 설하신 바가 없습니다." "수보리야, 너는 어떻게 생각하느냐? 삼천대천세계에 있는 먼지를 많다 하겠느냐?"

爾時 須菩提 白佛言 世尊 當何名此經 我等
云何奉持 佛告須菩提 是經 名爲金剛般若
波羅密 以是名字 汝當奉持 所以者何 須菩
提 佛說般若波羅密 即非般若波羅密 是名
般若波羅密 須菩提 於意云何 如來 有所說
法不 須菩提 白佛言 世尊 如來 無所說 須
菩提 於意云何 三千大千世界 所有微塵 是
爲多不

13. 如法受持分 여법수지분

須菩提言 甚多 世尊 須菩提 諸微塵 如來說
수보리언 심다 세존 수보리 제미진 여래설

非微塵 是名微塵 如來說世界 非世界 是名
비미진 시명미진 여래설세계 비세계 시명

世界 須菩提 於意云何 可以三十二相 見如
세계 수보리 어의운하 가이삼십이상 견여

來不 不也 世尊 不可以三十二相 得見如來
래부 불야 세존 불가이삼십이상 득견여래

何以故 如來說 三十二相 卽是非相 是名三
하이고 여래설 삼십이상 즉시비상 시명삼

十二相 須菩提 若有善男子 善女人 以恒河
십이상 수보리 약유선남자 선여인 이항하

沙等身命 布施 若復有人 於此經中 乃至受
사등신명 보시 약부유인 어차경중 내지수

持四句偈等 爲他人說 其福 甚多
지사구게등 위타인설 기복 심다

수보리가 아뢰었다. "매우 많습니다, 세존이시여." "수보리야, 모든 먼지는 여래
가 말한 먼지가 아니요, 그 이름이 먼지이며, 여래가 말한 세계도 세계가 아니라,
그 이름이 세계니라. 수보리야, 너는 어떻게 생각하느냐? 가히 32상으로 여래를
볼 수 있겠느냐?" "아니옵니다, 세존이시여. 가히 32상으로는 여래를 볼 수 없습
니다. 여래께서 말씀하신 32상은 곧 모습이 아니라, 그저 이름이 32상이기 때문입
니다." "수보리야, 어떤 선남자 선여인이 있어 항하의 모래알처럼 수많은 목숨을
바쳐 보시하여도 만약 한 사람이 이 경 가운데 단지 사구게를 받아 지녀서 남을
위해 일러준다면, 앞서 말한 일보다 오히려 그 복이 심히 많으니라."

須菩提言 甚多 世尊 須菩提 諸微塵 如來說
非微塵 是名微塵 如來說世界 非世界 是名
世界 須菩提 於意云何 可以三十二相 見如
來不 不也 世尊 不可以三十二相 得見如來
何以故 如來說 三十二相 即是非相 是名三
十二相 須菩提 若有善男子 善女人 以恒河
沙等身命 布施 若復有人 於此經中 乃至受
持四句偈等 為他人說 其福 甚多

爾時 須菩提 聞說是經 深解義趣 涕淚悲泣
이시 수보리 문설시경 심해의취 체루비읍

而白佛言 希有 世尊 佛說如是甚深經典 我
이백불언 희유 세존 불설여시심심경전 아

從昔來 所得慧眼 未曾得聞 如是之經 世尊
종석래 소득혜안 미증득문 여시지경 세존

若復有人 得聞是經 信心 淸淨 卽生實相 當
약부유인 득문시경 신심 청정 즉생실상 당

知 是人 成就第一希有功德 世尊 是實相者
지 시인 성취제일희유공덕 세존 시실상자

卽是非相 是故 如來 說名實相 世尊 我今
즉시비상 시고 여래 설명실상 세존 아금

得聞如是經典 信解受持 不足爲難
득문여시경전 신해수지 부족위난

이때 수보리가 이 경의 말씀을 듣고, 깊은 뜻을 깨달아서 눈물을 흘리면서 부처님께 여쭈었다. "희유하신 세존이시여, 부처님께서 이처럼 극히 심오한 경전을 말씀하시는 것은 아득히 먼 과거부터 수행해 오면서 얻은 지혜의 눈으로도 이와 같은 경은 일찍이 듣지 못하였습니다. 세존이시여! 만약 어떤 사람이 이 경을 듣고, 마음이 청정하면 곧 실상이 보이리니, 이 사람은 제일 희유한 공덕을 성취한 줄로 알겠습니다. 세존이시여, 지금 말씀드린 실상이라 함은 이름 그대로 실상은 아닙니다. 왜냐하면 여래께서 말씀하시되, 이름만을 실상이라 하셨기 때문입니다. 세존이시여, 제가 지금 이러한 경전을 듣고, 믿고, 알고서 받아 지니기는 별로 어려운 일이 아닙니다.

爾時 須菩提 聞說是經 深解義趣 涕淚悲泣
而白佛言 希有 世尊 佛說如是甚深經典 我
從昔來 所得慧眼 未曾得聞 如是之經 世尊
若復有人 得聞是經 信心 清淨 即生實相 當
知 是人 成就第一 希有功德 世尊 是實相者
即是非相 是故 如來 說名實相 世尊 我今
得聞如是經典 信解受持 不足為難

若當來世後五百歲 其有衆生 得聞是經 信
약당래세후오백세 기유중생 득문시경 신

解受持 是人 即爲第一希有 何以故 此人 無
해수지 시인 즉위제일희유 하이고 차인 무

我相 無人相 無衆生相 無壽者相 所以者何
아상 무인상 무중생상 무수자상 소이자하

我相 即是非相 人相 衆生相 壽者相 即是非
아상 즉시비상 인상 중생상 수자상 즉시비

相 何以故 離一切諸相 即名諸佛 佛告須菩
상 하이고 이일체제상 즉명제불 불고수보

提 如是如是 若復有人 得聞是經 不驚不怖
리 여시여시 약부유인 득문시경 불경불포

不畏 當知 是人 甚爲希有 何以故 須菩提
불외 당지 시인 심위희유 하이고 수보리

如來說 第一波羅密 即非第一波羅密 是名
여래설 제일바라밀 즉비제일바라밀 시명

第一波羅密 須菩提 忍辱波羅密 如來說 非
제일바라밀 수보리 인욕바라밀 여래설 비

忍辱波羅密 是名忍辱波羅密
인욕바라밀 시명인욕바라밀

그러나 만약 5백세 후에 있는 중생들이 이 경을 듣고, 믿고, 받아 지닌다면 이 사람은 제일 희유할 것입니다. 왜냐하면 이 사람은 아상도 없고, 인상도 없고, 중생상도 없고, 수자상도 없기 때문입니다. 왜냐하면, 아상은 곧 아상이 아니며, 인상, 중생상, 수자상도 바로 그 상들이 아니기 때문입니다. 왜냐하면, 일체의 모든 상을 여의는 것을 바로 부처라 이름하기 때문입니다."
부처님께서 수보리에게 다음과 같이 말씀하셨다. "그렇다 수보리야, 만약 어떤 사람이 이 경을 듣고 놀라지도 않고, 겁내거나 두려워하지 않으면, 마땅히 알지어다. 이 사람은 매우 희유한 사람이니라. 왜냐하면 수보리야, 여래가 제일바라밀이라 말한 것은 제일바라밀이 아니요, 그저 이름이 제일바라밀이기 때문이니라. 수보리야, 인욕바라밀은 인욕바라밀이 아니요, 그저 이름이 인욕바라밀이라고 여래는 말씀하셨느니라.

若當來世後五百歲 其有眾生 得聞是經 信
解受持 是人 即為第一希有 何以故 此人 無
我相 無人相 無眾生相 無壽者相 所以者何
我相 即是非相 人相 眾生相 壽者相 即是非
相 何以故 離一切諸相 即名諸佛 佛告須菩
提 如是如是 若復有人 得聞是經 不驚不怖
不畏 當知 是人 甚為希有 何以故 須菩提
如來說 第一波羅蜜 即非第一波羅蜜 是名
第一波羅蜜 須菩提 忍辱波羅蜜 如來說 非
忍辱波羅蜜 是名忍辱波羅蜜

14. 離相寂滅分 이상적멸분

何以故 須菩提 如我昔爲歌利王 割截身體
하 이 고　수 보 리　여 아 석 위 가 리 왕　할 절 신 체

我於爾時 無我相 無人相 無衆生相 無壽者
아 어 이 시　무 아 상　무 인 상　무 중 생 상　무 수 자

相 何以故 我於往昔 節節支解時 若有我相
상　하 이 고　아 어 왕 석　절 절 지 해 시　약 유 아 상

人相 衆生相 壽者相 應生嗔恨 須菩提 又念
인 상　중 생 상　수 자 상　응 생 진 한　수 보 리　우 념

過去於五百世 作忍辱仙人 於爾所世 無我
과 거 어 오 백 세　작 인 욕 선 인　어 이 소 세　무 아

相 無人相 無衆生相 無壽者相 是故 須菩提
상　무 인 상　무 중 생 상　무 수 자 상　시 고　수 보 리

菩薩 應離一切相 發阿耨多羅三藐三菩提心
보 살　응 리 일 체 상　발 아 뇩 다 라 삼 먁 삼 보 리 심

不應住色生心 不應住聲香味觸法生心 應生
불 응 주 색 생 심　불 응 주 성 향 미 촉 법 생 심　응 생

無所住心 若心有住 卽爲非住 是故 佛說菩
무 소 주 심　약 심 유 주　즉 위 비 주　시 고　불 설 보

薩 心不應住色布施
살　심 불 응 주 색 보 시

왜냐하면 수보리야, 나는 옛적에 가리왕에게 몸이 마디마디 베일 때, 내게는 아상, 인상, 중생상, 수자상이 없었느니라. 만약 내가 마디마디로 사지가 베일 때, 내게 아상, 인상, 중생상, 수자상이 있었다면 당연히 노여워하고 원한을 품었을 것이다. 수보리야, 또 과거 5백세를 생각하니 인욕선인이 되었을 때도 아상, 인상, 중생상, 수자상이 없었느니라. 그러므로 수보리야, 보살은 마땅히 모든 일체의 상을 여의고, 아뇩다라삼먁삼보리심을 일으킬 일이다. 또 마땅히 색에 얽매이는 마음을 내지 말며, 소리, 향기, 맛, 느낌과 법에 얽매이는 마음을 내지 말 일이다. 응당 머무르는 바 없이 마음을 일으킬지니라. 만약 마음에 머무름이 있으면 곧 머무름이 아닌 것이니, 부처님께서 말씀하시되, 보살은 마음을 색에 머무르지 않고 보시하여야 한다고 하셨느니라.

何以故 須菩提 如我昔爲歌利王 割截身體
我於爾時 無我相 無人相 無眾生相 無壽者
相 何以故 我於往昔 節節支解時 若有我相
人相 眾生相 壽者相 應生瞋恨 須菩提 又念
過去於五百世 作忍辱仙人 於爾所世 無我
相 無人相 無眾生相 無壽者相 是故 須菩提
菩薩 應離一切相 發阿耨多羅三藐三菩提心
不應住色生心 不應住聲香味觸法生心 應生
無所住心 若心有住 即爲非住 是故 佛說菩
薩 心不應住色布施

14. 離相寂滅分 이상적멸분

須菩提 菩薩 爲利益一切衆生 應如是布施
수보리 보살 위이익일체중생 응여시보시

如來說一切諸相 即是非相 又說一切衆生
여래설일체제상 즉시비상 우설일체중생

即非衆生 須菩提 如來 是眞語者 實語者 如
즉비중생 수보리 여래 시진어자 실어자 여

語者 不誑語者 不異語者 須菩提 如來 所得
어자 불광어자 불이어자 수보리 여래 소득

法 此法 無實無虛 須菩提 若菩薩 心住於法
법 차법 무실무허 수보리 약보살 심주어법

而行布施 如人 入闇 則無所見 若菩薩 心不
이행보시 여인 입암 즉무소견 약보살 심부

住法 而行布施 如人有目 日光 明照 見種種
주법 이행보시 여인유목 일광 명조 견종종

色 須菩提 當來之世 若有善男子 善女人 能
색 수보리 당래지세 약유선남자 선여인 능

於此經 受持讀誦 即爲如來 以佛智慧 悉知
어차경 수지독송 즉위여래 이불지혜 실지

是人 悉見是人 皆得成就 無量無邊功德
시인 실견시인 개득성취 무량무변공덕

수보리야, 보살이 모든 중생을 이롭게 하기 위해서는 마땅히 이처럼 보시하나니, 여래가 말씀하신 일체의 모든 상은 곧 상이 아니며, 또 말씀하신 일체의 중생도 곧 중생이 아니니라. 수보리야, 여래는 참다운 말을 하시는 이며, 실다운 말을 하시는 이며, 같은 말을 하시는 이며, 속이지 않는 말을 하시는 이며, 다른 말을 하지 않는 이니라. 수보리야, 여래가 얻은 이 법은 실도 없고 허도 없느니라. 수보리야, 만약 보살의 마음이 법에 머물러 있으면서 보시를 행하면 어두운 곳으로 들어간 사람이 보는 것처럼 보이는 것이 없고, 만약 보살의 마음이 법에 머무르지 않고 보시를 행하면, 그 사람은 눈도 있을 뿐만 아니라, 햇살이 환하게 비치어 온갖 색을 보는 것과 같으니라. 수보리야, 다가오는 세상에 선남자 선여인이 있어 이 경을 받아 지니고 독송하면, 곧 여래가 큰 지혜로써 이 사람을 다 아시고, 이 사람을 다 보시며, 한량없고 가없는 공덕을 얻게 하고 성취하게 하시느니라."

須菩提 菩薩 為利益一切衆生 應如是布施
如來說一切諸相 即是非相 又說一切衆生
即非衆生 須菩提 如來 是眞語者 實語者 如
語者 不誑語者 不異語者 須菩提 如來 所得
法 此法 無實無虛 須菩提 若菩薩 心住於法
而行布施 如人 入闇 則無所見 若菩薩 心不
住法 而行布施 如人有目 日光 明照 見種種
色 須菩提 當來之世 若有善男子 善女人 能
於此經 受持讀誦 即為如來 以佛智慧 悉知
是人 悉見是人 皆得成就 無量無邊功德

須菩提 若有善男子 善女人 初日分 以恒河
수보리 약유선남자 선여인 초일분 이항하

沙等身 布施 中日分 復以恒河沙等身 布施
사등신 보시 중일분 부이항하사등신 보시

後日分 亦以恒河沙等身 布施 如是無量百
후일분 역이항하사등신 보시 여시무량백

千萬億劫 以身布施 若復有人 聞此經典 信
천만억겁 이신보시 약부유인 문차경전 신

心不逆 其福 勝彼 何況書寫受持讀誦 爲人
심불역 기복 승피 하황서사수지독송 위인

解說 須菩提 以要言之 是經 有不可思議 不
해설 수보리 이요언지 시경 유불가사의 불

可稱量無邊功德 如來 爲發大乘者說 爲發
가칭량무변공덕 여래 위발대승자설 위발

最上乘者說
최상승자설

"수보리야, 어떤 선남자 선여인이 아침에 항하의 모래알처럼 많은 몸으로 보시하고, 낮에도 역시 항하의 모래알처럼 많은 몸으로 보시하고, 저녁에도 역시 항하의 모래알처럼 많은 몸을 보시한다고 하자. 이 같이 한량없는 백천만억겁을 몸으로 보시할지라도, 어떤 사람 하나가 이 경전을 보고 믿는 마음으로 거스르지 않으면, 이 복덕이 앞서 말한 사람의 복덕보다 나을 것이니라. 하물며 이 경을 베껴 쓰거나, 받아 지니고 읽고 외워서 남을 위해 일러주는 사람에게 있어서이랴! 수보리야, 요약해 말한다면 이 경은 가히 생각할 수도 없고, 잴 수도 없는 한량없는 공덕이 있느니라. 이 경은 여래가 대승의 지혜를 일으킨 자를 위해 말씀한 것이요, 최상승의 지혜를 일으킨 자를 위해 말씀한 것이니라.

須菩提 若有善男子 善女人 初日分 以恒河
沙等身 布施 中日分 復以恒河沙等身 布施
後日分 亦以恒河沙等身 布施 如是無量百
千萬億劫 以身布施 若復有人 聞此經典 信
心不逆 其福 勝彼 何況書寫受持讀誦 爲人
解說 須菩提 以要言之 是經 有不可思議 不
可稱量無邊功德 如來 爲發大乘者說 爲發
最上乘者說

若有人 能受持讀誦 廣爲人說 如來 悉知是
약유인 능수지독송 광위인설 여래 실지시

人 悉見是人 皆得成就不可量 不可稱 無有
인 실견시인 개득성취불가량 불가칭 무유

邊 不可思議功德 如是人等 卽爲荷擔如來
변 불가사의공덕 여시인등 즉위하담여래

阿耨多羅三藐三菩提 何以故 須菩提 若樂
아뇩다라삼먁삼보리 하이고 수보리 약요

小法者 着我見人見衆生見壽者見 則於此經
소법자 착아견인견중생견수자견 즉어차경

不能聽受讀誦 爲人解說 須菩提 在在處處
불능청수독송 위인해설 수보리 재재처처

若有此經 一切世間天人阿修羅 所應供養
약유차경 일체세간천인아수라 소응공양

當知 此處 卽爲是塔 皆應恭敬 作禮圍繞 以
당지 차처 즉위시탑 개응공경 작예위요 이

諸華香 而散其處
제화향 이산기처

만약 어떤 사람이 이 경을 받아 지니고 읽고 외워서 남을 위해 일러주면, 여래는 이 사람을 아시고, 이 사람을 다 보시느니라. 그래서 헤아릴 수 없고, 일컬을 수 없고, 한이 없어서 가히 생각지도 못할 공덕을 얻게 하시고 성취하게 하나니, 이런 사람들은 여래의 아뇩다라삼먁삼보리를 짊어진 것과 같으니라. 무슨 까닭이냐? 수보리야, 만약 작은 법을 즐기는 자는 아견, 인견, 중생견, 수자견에 집착하여 이 경을 알아듣지 못하니, 읽고 외운다던지, 남을 위해 설하여 주지 못하기 때문이니라. 수보리야, 어느 곳에 있더라도 이 경만 있으면 온갖 세간의 하늘과 사람과 아수라까지 마땅히 공양하리니, 바로 이 경이 있는 곳이 탑이 있는 곳과 같기 때문이다. 그래서 모두가 당연히 공경하여 예배하고, 많은 꽃과 향을 그곳에 뿌릴 것이다."

若有人 能受持讀誦 廣爲人說 如來 悉知是
人 悉見是人 皆得成就不可量 不可稱 無有
邊 不可思議功德 如是人等 即爲荷擔如來
阿耨多羅三藐三菩提 何以故 須菩提 若樂
小法者 着我見人見衆生見壽者見 則於此經
不能聽受讀誦 爲人解說 須菩提 在在處處
若有此經 一切世間天人阿修羅 所應供養
當知 此處 即爲是塔 皆應恭敬 作禮圍繞 以
諸華香 而散其處

復次 須菩提 善男子 善女人 受持讀誦此經
부차 수보리 선남자 선여인 수지독송차경

若爲人輕賤 是人 先世罪業 應墮惡道 以今
약위인경천 시인 선세죄업 응타악도 이금

世人 輕賤故 先世罪業 卽爲消滅 當得阿耨
세인 경천고 선세죄업 즉위소멸 당득아뇩

多羅三藐三菩提 須菩提 我念 過去無量阿
다라삼먁삼보리 수보리 아념 과거무량아

僧祇劫 於燃燈佛前 得値八百四千萬億那由
승지겁 어연등불전 득치팔백사천만억나유

他諸佛 悉皆供養承事 無空過者 若復有人
타제불 실개공양승사 무공과자 약부유인

於後末世 能受持讀誦此經 所得功德 於我
어후말세 능수지독송차경 소득공덕 어아

所供養 諸佛功德 百分 不及一 千萬億分 乃
소공양 제불공덕 백분 불급일 천만억분 내

至算數譬喩 所不能及
지산수비유 소불능급

→

"또 수보리야, 선남자 선여인이 이 경을 받아 지니고 읽고 외우되 만약 다른 사람
들로부터 천대를 받는 일이 있더라도 이 사람은 먼저 세상의 죄업으로 마땅히 악
도에 떨어질 일이로되, 이 세상 사람들이 천하게 여기는 것으로 선세의 죄업을 소
멸하고, 마땅히 아뇩다라삼먁삼보리를 얻을 것이니라. 수보리야, 내가 생각하니
과거 무량 아승지겁에 저 연등불 앞에서 팔백사천만억 나유타의 모든 부처님을
친견하고, 공양하고 순종하여 섬겨서 헛되이 지낸 적이 없었노라. 만약 다른 사람
이 이후 말세에 능히 이 경을 받아 지니고 읽고 외워서 얻을 공덕에 비하면, 내가
저 모든 부처님께 공양한 공덕은 백분의 일도 미치지 못하며, 천만억분, 더 나아
가 숫자의 비교로도 능히 미치지 못하느니라.
→

復次 須菩提 善男子 善女人 受持讀誦此經
若爲人輕賤 是人 先世罪業 應墮惡道 以今
世人 輕賤故 先世罪業 即爲消滅 當得阿耨
多羅三藐三菩提 須菩提 我念 過去無量阿
僧祇劫 於燃燈佛前 得值八百四千萬億那由
他諸佛 悉皆供養承事 無空過者 若復有人
於後末世 能受持讀誦此經 所得功德 於我
所供養 諸佛功德 百分 不及一 千萬億分 乃
至算數譬喻 所不能及

須菩提 若善男子 善女人 於後末世 有受持
수보리 약선남자 선여인 어후말세 유수지

讀誦此經 所得功德 我若具說者 或有人 聞
독송차경 소득공덕 아약구설자 혹유인 문

心則狂亂 狐疑不信 須菩提 當知 是經義 不
심즉광난 호의불신 수보리 당지 시경의 불

可思議 果報 亦不可思議
가사의 과보 역불가사의

수보리야, 만약 선남자 선여인이 다음 말세에 이 경을 받아 지니고 읽고 외워서
얻는 공덕을 내가 다 말하면, 어떤 사람은 겁내는 마음을 가지고 산란해져 의심하
고, 믿지 않을 것이니라. 수보리야, 마땅히 알아라. 이 경은 그 뜻도 가히 짐작할
수 없거니와 과보 또한 능히 헤아릴 수 없느니라."

須菩提 若善男子 善女人 於後末世 有受持
讀誦此經 所得功德 我若具說者 或有人 聞
心則狂亂 狐疑不信 須菩提 當知 是經義 不
可思議 果報 亦不可思議

17. 究竟無我分 구경무아분

爾時 須菩提 白佛言 世尊 善男子 善女人
이시 수보리 백불언 세존 선남자 선여인

發阿耨多羅三藐三菩提心 云何應住 云何降
발아뇩다라삼먁삼보리심 운하응주 운하항

伏其心 佛告須菩提 若善男子善女人 發阿
복기심 불고수보리 약선남자선여인 발아

耨多羅三藐三菩提心者 當生如是心 我應滅
뇩다라삼먁삼보리심자 당생여시심 아응멸

度一切衆生 滅度一切衆生已 而無有一衆生
도일체중생 멸도일체중생이 이무유일중생

實滅度者 何而故 須菩提 若菩薩 有我相 人
실멸도자 하이고 수보리 약보살 유아상 인

相 衆生相 壽者相 卽非菩薩 所以者何 須菩
상 중생상 수자상 즉비보살 소이자하 수보

提 實無有法 發阿耨多羅三藐三菩提心者
리 실무유법 발아뇩다라삼먁삼보리심자

이때 수보리가 부처님께 여쭈었다. "세존이시여! 선남자 선여인이 아뇩다라삼먁삼보리의 마음을 일으켰다면, 그 마음을 어떻게 머물게 할 것이며, 또 어떻게 다스려 항복받아야 되겠습니까?" 부처님이 수보리에게 이르시되, "만약 선남자 선여인이 아뇩다라삼먁삼보리(위없이 올바른 깨달음으로 향하는 마음)의 마음을 일으켰다면, 당연히 이와 같은 마음이 생기리라. 내가 마땅히 모든 중생을 멸도할 것이나, 모든 중생을 멸도하고 나서는 실은 한 중생도 멸도한 자가 없다 하리라. 왜 그런가 하면 수보리야, 만약 보살이 아상, 인상, 중생상, 수자상이 있으면 보살이 아니기 때문이니라. 어찌 된 까닭이냐? 수보리야, 실로 법이 있지 아니함이 아뇩다라삼먁삼보리의 마음을 일으킨 사람이기 때문이니라.

爾時 須菩提 白佛言 世尊 善男子 善女人
發阿耨多羅三藐三菩提心 云何應住 云何降
伏其心 佛告須菩提 若善男子善女人 發阿
耨多羅三藐三菩提心者 當生如是心 我應滅
度一切眾生 滅度一切眾生已 而無有一眾生
實滅度者 何而故 須菩提 若菩薩 有我相 人
相 眾生相 壽者相 即非菩薩 所以者何 須菩
提 實無有法 發阿耨多羅三藐三菩提心者

須菩提 於意云何 如來 於燃燈佛所 有法 得
수보리 어의운하 여래 어연등불소 유법 득

阿耨多羅三藐三菩提不 不也 世尊 如我解
아뇩다라삼먁삼보리부 불야 세존 여아해

佛所說義 佛 於燃燈佛所 無有法 得阿耨多
불소설의 불 어연등불소 무유법 득아뇩다

羅三藐三菩提 佛言 如是如是 須菩提 實無
라삼먁삼보리 불언 여시여시 수보리 실무

有法 如來 得阿耨多羅三藐三菩提 須菩提 若
유법 여래 득아뇩다라삼먁삼보리 수보리 약

有法 如來 得阿耨多羅三藐三菩提者 燃燈佛
유법 여래 득아뇩다라삼먁삼보리자 연등불

卽不與我授記 汝於來世 當得作佛 號 釋迦牟
즉불여아수기 여어래세 당득작불 호 석가모

尼 以實無有法 得阿耨多羅三藐三菩提 是故
니 이실무유법 득아뇩다라삼먁삼보리 시고

燃燈佛 與我授記 作是言 汝於來世 當得作佛
연등불 여아수기 작시언 여어래세 당득작불

號 釋迦牟尼 何以故 如來者 卽諸法 如義
호 석가모니 하이고 여래자 즉제법 여의 →

수보리야, 너는 어떻게 생각하느냐? 여래가 연등불로 계시던 때, 아뇩다라삼먁삼보리의 마음을 얻었다고 생각하느냐?" "아닙니다, 세존이시여! 제가 부처님께서 하신 말씀을 헤아린 바로는 부처님께서 연등불이 계시던 곳에 법이 있지 아니하므로 아뇩다라삼먁삼보리를 얻은 것입니다." 부처님이 말씀하시되, "그렇다 수보리야, 실로 법이 있지 아니하므로 여래가 아뇩다라삼먁삼보리를 얻었음이니 수보리야, 만약 어떤 법이 있음으로 여래가 아뇩다라삼먁삼보리를 얻었다고 한다면, 연등불이 바로 나에게 수기를 주어, 다음 세상에 마땅히 부처를 이룰 것이고, 그 이름을 석가모니라 하라는 말씀을 하시지 않았을 것이다. 실로 법이 있지 아니하므로써 아뇩다라삼먁삼보리를 얻게 되는 것이다. 그래서 연등불이 내게 수기를 주시되, '다음 세상에 마땅히 부처가 되리니, 그 이름을 석가모니라 하라'고 말씀하셨느니라. 왜냐하면 여래라 함은 곧 모든 법이 이와 같다는 뜻이니라. →

須菩提 於意云何 如來 於燃燈佛所 有法 得
阿耨多羅三藐三菩提不 不也 世尊 如我解
佛所說義 佛 於燃燈佛所 無有法 得阿耨多
羅三藐三菩提 佛言 如是如是 須菩提 實無
有法 如來 得阿耨多羅三藐三菩提 須菩提 若
有法 如來 得阿耨多羅三藐三菩提者 燃燈佛
即不與我授記 汝於來世 當得作佛 號 釋迦牟
尼 以實無有法 得阿耨多羅三藐三菩提 是故
燃燈佛 與我授記 作是言 汝於來世 當得作佛
號 釋迦牟尼 何以故 如來者 即諸法 如義

若有人 言 如來得阿耨多羅三藐三菩提 須
약유인 언 여래득아뇩다라삼먁삼보리 수

菩提 實無有法 佛 得阿耨多羅三藐三菩提
보리 실무유법 불 득아뇩다라삼먁삼보리

須菩提 如來 所得阿耨多羅三藐三菩提 於
수보리 여래 소득아뇩다라삼먁삼보리 어

是中 無實無虛 是故 如來 說一切法 皆是佛
시중 무실무허 시고 여래 설일체법 개시불

法 須菩提 所言一切法者 卽非一切法 是故
법 수보리 소언일체법자 즉비일체법 시고

名 一切法 須菩提 譬如人身 長大 須菩提
명 일체법 수보리 비여인신 장대 수보리

言 世尊 如來說 人身長大 卽爲非大身 是名
언 세존 여래설 인신장대 즉위비대신 시명

大身
대 신

만약 사람이 말하되, 여래가 아뇩다라삼먁삼보리를 얻었다 할지라도 수보리야, 실로 법이 있지 아니하므로 부처님이 아뇩다라삼먁삼보리를 얻음이니 수보리야, 여래가 얻은 아뇩다라삼먁삼보리는 그 가운데 실도 없고, 허도 없느니라. 그래서 여래가 말씀하시기를 모든 일체의 법이 다 부처님의 법이라고 하셨느니라. 수보리야, 이때의 일체법은 곧 일체법이 아니니, 그저 이름이 일체법인 까닭이니라. 수보리야 비유하건대, 사람의 몸이 크다는 말과 같으니라." "세존이시여! 여래께서 사람의 몸이 크다고 말씀하신 것은, 곧 몸이 큰 것이 아니오니, 그저 이름만이 큰 몸이라는 것입니다."

若有人言 如來得阿耨多羅三藐三菩提 須
菩提 實無有法 佛 得阿耨多羅三藐三菩提
須菩提 如來 所得阿耨多羅三藐三菩提 於
是中 無實無虛 是故 如來 說一切法 皆是佛
法 須菩提 所言一切法者 即非一切法 是故
名 一切法 須菩提 譬如人身 長大 須菩提
言 世尊 如來說 人身長大 即為非大身 是名
大身

須菩提 菩薩 亦如是 若作是言 我當滅度無
수보리 보살 역여시 약작시언 아당멸도무

量衆生 卽不名菩薩 何以故 須菩提 實無有
량중생 즉불명보살 하이고 수보리 실무유

法 名爲菩薩 是故 佛說一切法 無我 無人
법 명위보살 시고 불설일체법 무아 무인

無衆生 無壽者 須菩提 若菩薩 作是言 我當
무중생 무수자 수보리 약보살 작시언 아당

莊嚴佛土 是不名菩薩 何以故 如來說莊嚴
장엄불토 시불명보살 하이고 여래설장엄

佛土者 卽非莊嚴 是名莊嚴 須菩提 若菩薩
불토자 즉비장엄 시명장엄 수보리 약보살

通達無我法者 如來 說名眞是菩薩
통달무아법자 여래 설명진시보살

"수보리야, 보살도 또한 이와 같으니라. 만약 내가 말하되, 마땅히 한량없이 많은 중생을 멸도 하였다 하면 곧 보살이라 말하지 못할 것이니. 왜 그러한가? 수보리야, 실로 법이 있지 아니하므로 이름하여 보살이니 이런 까닭으로 부처님이 말씀하시되 모든 법은 나도 없고, 남도 없으며, 중생도 없고, 수자도 없다 하느니라. 수보리야, 만약 보살이 이런 말을 하되, 내가 마땅히 불국토를 장엄한다 하면 이는 곧 보살이라고 이름할 수 없으니 어찌된 까닭이냐? 여래가 말씀하신 불국토의 장엄은 곧 장엄이 아니요, 그저 그 이름이 장엄인 까닭이니라. 수보리야, 만약 보살이 무아법을 통달했다면 바로 이 사람을 여래께서는 보살이라고 하시리라."

須菩提 菩薩 亦如是 若作是言 我當滅度無
量眾生 即不名菩薩 何以故 須菩提 實無有
法 名為菩薩 是故 佛說一切法 無我 無人
無眾生 無壽者 須菩提 若菩薩 作是言 我當
莊嚴佛土 是不名菩薩 何以故 如來說莊嚴
佛土者 即非莊嚴 是名莊嚴 須菩提 若菩薩
通達無我法者 如來 說名眞是菩薩

須菩提 於意云何 如來 有肉眼不 如是 世尊
수 보 리 어 의 운 하 여 래 유 육 안 부 여 시 세 존

如來 有肉眼
여래 유 육안

須菩提 於意云何 如來 有天眼不 如是 世尊
수 보 리 어 의 운 하 여 래 유 천 안 부 여 시 세 존

如來 有天眼
여래 유 천안

須菩提 於意云何 如來 有慧眼不 如是 世尊
수 보 리 어 의 운 하 여 래 유 혜 안 부 여 시 세 존

如來 有慧眼
여래 유 혜안

須菩提 於意云何 如來 有法眼不 如是 世尊
수 보 리 어 의 운 하 여 래 유 법 안 부 여 시 세 존

如來 有法眼
여래 유 법안

須菩提 於意云何 如來 有佛眼不 如是 世尊
수 보 리 어 의 운 하 여 래 유 불 안 부 여 시 세 존

如來 有佛眼
여래 유 불안

→

"수보리야, 너는 어떻게 생각하느냐? 여래에게 육안이 있느냐?"
"그렇습니다, 세존이시여! 여래에게는 육안이 있습니다."
"수보리야, 너는 어떻게 생각하느냐? 여래에게 천안이 있느냐?"
"그렇습니다, 세존이시여! 여래에게는 천안이 있습니다."
"수보리야, 너는 어떻게 생각하느냐? 여래에게 혜안이 있느냐?"
"그렇습니다, 세존이시여! 여래에게는 혜안이 있습니다."
"수보리야, 너는 어떻게 생각하느냐? 여래에게 법안이 있느냐?"
"그렇습니다, 세존이시여! 여래에게는 법안이 있습니다."
"수보리야, 너는 어떻게 생각하느냐? 여래에게 불안이 있느냐?"
"그렇습니다, 세존이시여! 여래에게는 불안이 있습니다."

→

須菩提 於意云何 如來 有肉眼不 如是 世尊
如來 有肉眼
須菩提 於意云何 如來 有天眼不 如是 世尊
如來 有天眼
須菩提 於意云何 如來 有慧眼不 如是 世尊
如來 有慧眼
須菩提 於意云何 如來 有法眼不 如是 世尊
如來 有法眼
須菩提 於意云何 如來 有佛眼不 如是 世尊
如來 有佛眼

18. 一體同觀分 일체동관분

須菩提 於意云何 如恒河中所有沙 佛說是
수보리 어의운하 여항하중소유사 불설시

沙不 如是 世尊 如來說是沙
사부 여시 세존 여래설시사

須菩提 於意云何 如一恒河中所有沙 有如
수보리 어의운하 여일항하중소유사 유여

是沙等恒河
시사등항하

是諸恒河所有沙數 佛世界 如是 寧爲多不
시제항하소유사수 불세계 여시 영위다부

甚多 世尊 佛告須菩提
심다 세존 불고수보리

爾所國土中 所有衆生 若干種心 如來悉知
이소국토중 소유중생 약간종심 여래실지

何以故 如來說諸心
하이고 여래설제심

皆爲非心 是名爲心 所以者何 須菩提 過去
개위비심 시명위심 소이자하 수보리 과거

心不可得
심불가득

現在心不可得 未來心不可得
현재심불가득 미래심불가득

"수보리야, 너는 어떻게 생각하느냐? 저 항하 가운데 있는 모래알을 부처님은 말한 적이 있느냐?" "그렇습니다, 세존이시여! 여래께서는 그 모래 말씀을 하셨습니다." "수보리야, 어떻게 생각하느냐? 저 한 개의 항하 가운데 있는 모래알의 수와 같은 항하가 또 있어 이 모든 항하의 모래알만큼의 불세계가 역시 또 있다고 하면, 참으로 많다고 하겠느냐?" "그렇습니다. 매우 많습니다, 세존이시여!"
부처님께서 수보리에게 말씀하시되, "저 국토 안에 있는 중생들의 여러 마음을 여래는 다 아시니, 무슨 까닭인가? 여래가 말씀한 마음이 모두 마음이 아니기 때문이며, 그저 이름이 마음인 까닭이니라. 왜냐하면 수보리야, 과거의 마음도 가히 얻을 수 없으며, 현재의 마음도 또한 얻을 수 없으며, 미래의 마음 역시 얻을 수 없기 때문이니라."

須菩提 於意云何 如恒河中所有沙 佛說是
沙不 如是 世尊 如來說是沙

須菩提 於意云何 如一恒河中所有沙 有如
是沙等恒河

是諸恒河所有沙數 佛世界 如是 寧為多不
甚多 世尊 佛告須菩提

爾所國土中 所有眾生 若干種心 如來悉知
何以故 如來說諸心

皆為非心 是名為心 所以者何 須菩提 過去
心不可得

現在心不可得 未來心不可得

19. 法界通化分 법계통화분

須菩提 於意云何 若有人 滿三千大千世界
수보리 어의운하 약유인 만삼천대천세계

七寶 以用布施 是人 以是因緣 得福 多不
칠보 이용보시 시인 이시인연 득복 다부

如是 世尊 此人 以是因緣 得福 甚多 須菩
여시 세존 차인 이시인연 득복 심다 수보

提 若福德 有實 如來 不說得福德多 以福德
리 약복덕 유실 여래 불설득복덕다 이복덕

無故 如來 說得福德多
무고 여래 설득복덕다

"수보리야, 너는 어떻게 생각하느냐? 만약 어떤 사람이 삼천대천세계에 가득한 칠보로 보시하면 그 사람은 이 인연으로 많은 복덕을 얻겠느냐?" "그렇습니다, 세존이시여! 그 사람은 그러한 인연으로 많은 복덕을 얻을 것입니다." "수보리야, 만약 복덕이 참으로 있다면, 여래는 복덕을 많이 얻겠다고 말하지 않을 것이다. 복덕이 없는 고로, 여래는 복덕이 많다고 말하느니라."

須菩提 於意云何 若有人 滿三千大千世界
七寶 以用布施 是人 以是因緣 得福 多不
如是 世尊 此人 以是因緣 得福 甚多 須菩
提 若福德 有實 如來 不說得福德多 以福德
無故 如來 說得福德多

須菩提 於意云何 佛 可以具足色身 見不 不
수보리 어의운하 불 가이구족색신 견부 불

也 世尊 如來 不應以具足色身 見 何以故
야 세존 여래 불응이구족색신 견 하이고

如來說 具足色身 卽非具足色身 是名具足
여래설 구족색신 즉비구족색신 시명구족

色身 須菩提 於意云何 如來 可以具足諸相
색신 수보리 어의운하 여래 가이구족제상

見不 不也 世尊 如來 不應以具足諸相 見
견부 불야 세존 여래 불응이구족제상 견

何以故 如來說諸相具足 卽非具足 是名諸
하이고 여래설제상구족 즉비구족 시명제

相具足
상구족

"수보리야, 너는 어떻게 생각하느냐? 여래를 가히 온전히 갖추어진 모습으로 볼수 있겠느냐?" "아닙니다, 세존이시여! 여래는 온전한 몸의 모습으로만 볼 수 없습니다. 왜냐하면 여래께서 말씀하신 온전히 갖추신 몸의 모습 즉, 구족색신은 구족색신이 아니라, 그저 이름만 구족색신이기 때문입니다." "수보리야, 너는 어떻게 생각하느냐? 여래를 가히 온전히 갖추어진 모양의 특색으로 볼 수 있겠느냐?" "아닙니다, 세존이시여! 여래는 온전히 갖추어져 있는 상으로는 볼 수 없습니다. 왜냐하면, 여래께서 말씀하신 제상구족이 곧 제상구족이 아니라, 그저 이름이 제상구족일 뿐입니다."

須菩提 於意云何 佛 可以具足色身 見不 不
也 世尊 如來 不應以具足色身 見 何以故
如來說 具足色身 即非具足色身 是名具足
色身 須菩提 於意云何 如來 可以具足諸相
見不 不也 世尊 如來 不應以具足諸相 見
何以故 如來說諸相具足 即非具足 是名諸
相具足

71

21. 非說所說分 비설소설분

須菩提 汝勿謂 如來作是念 我當有所說法
수보리 여물위 여래작시념 아당유소설법

莫作是念 何以故 若人 言 如來有所說法 卽
막작시념 하이고 약인 언 여래유소설법 즉

爲謗佛 不能解我所說故 須菩提 說法者 無法
위방불 불능해아소설고 수보리 설법자 무법

可說 是名說法 爾時 慧命須菩提 白佛言 世
가설 시명설법 이시 혜명수보리 백불언 세

尊 頗有衆生 於未來世 聞說是法 生信心不
존 파유중생 어미래세 문설시법 생신심부

佛言 須菩提 彼非衆生 非不衆生 何以故 須
불언 수보리 피비중생 비불중생 하이고 수

菩提 衆生衆生者 如來 說非衆生 是名衆生
보리 증생증생자 여래 설비증생 시명증생

"수보리야, 너는 여래가 '나는 마땅히 법을 말함이 있다' 라는 생각을 한다고 말하지 말라. 왜냐하면 사람이 말하기를 여래가 말한 법이 있다고 하면, 이는 곧 부처님의 법을 비방하는 것이니라. 그렇게 말하는 것은 내가 말한 뜻을 알지 못하는 까닭이니라. 수보리야, 법을 말한다는 것은 가히 말한 법이 없는데, 그저 그 이름이 설법이니라." 그때 혜명 수보리가 여쭈었다. "세존이시여! 중생이 오는 세상에 이러한 법을 듣고 믿는 마음을 일으키겠습니까?" 부처님께서 말씀하셨다. "수보리야, 저들은 중생이 아니며, 중생 아님도 아니니, 무슨 까닭이냐? 수보리야, 중생을 중생이라 함은 여래가 중생이 아님을 말하는 것이니, 그저 그 이름이 중생일 따름이니라."

須菩提 汝勿謂 如來作是念 我當有所說法
莫作是念 何以故 若人言 如來有所說法 即
為謗佛 不能解我所說故 須菩提 說法者 無法
可說 是名說法 爾時 慧命須菩提 白佛言 世
尊 頗有眾生 於未來世 聞說是法 生信心不
佛言 須菩提 彼非眾生 非不眾生 何以故 須
菩提 眾生眾生者 如來 說非眾生 是名眾生

須菩提 白佛言 世尊 佛 得阿耨多羅三藐三
수보리 백불언 세존 불 득아뇩다라삼먁삼

菩提 爲無所得耶 佛言 如是如是 須菩提 我
보리 위무소득야 불언 여시여시 수보리 아

於阿耨多羅三藐三菩提 乃至無有少法可得
어아뇩다라삼먁삼보리 내지무유소법가득

是名阿耨多羅三藐三菩提
시명아뇩다라삼먁삼보리

수보리가 부처님께 여쭈었다. "세존이시여! 부처님께서 아뇩다라삼먁삼보리를 얻으심은 얻은 바가 없다는 말씀입니까?" 부처님께서 말씀하셨다. "그렇도다! 수보리야, 내가 아뇩다라삼먁삼보리와 아주 작은 법이라도 얻음이 없었기 때문에 그저 그 이름을 아뇩다라삼먁삼보리라고 부르느니라."

須菩提 白佛言 世尊 佛 得阿耨多羅三藐三
菩提 為無所得耶 佛言 如是如是 須菩提 我
於阿耨多羅三藐三菩提 乃至無有少法可得
是名阿耨多羅三藐三菩提

復次 須菩提 是法 平等 無有高下 是名阿耨
부차 수보리 시법 평등 무유고하 시명아뇩

多羅三藐三菩提 以無我無人無衆生無壽者
다라삼먁삼보리 이무아무인무중생무수자

修一切善法 即得阿耨多羅三藐三菩提 須菩
수일체선법 즉득아뇩다라삼먁삼보리 수보

提 所言善法者 如來說 即非善法 是名善法
리 소언선법자 여래설 즉비선법 시명선법

"또한 수보리야, 이 법은 평등하여 높고 낮음도 없기 때문에 이 이름이 아뇩다라삼먁삼보리니라. 나도 없고, 남도 없으며, 중생도 없고, 수자도 없으므로 이 모든 착한 법을 닦으면, 바로 아뇩다라삼먁삼보리를 얻느니라. 수보리야, 착한 법이라고 말한 것은 여래가 곧 착한 법이 아니라 그저 그 이름이 착한 법임을 말함이니라."

復次 須菩提 是法 平等 無有高下 是名阿耨
多羅三藐三菩提 以無我無人無眾生無壽者
修一切善法 即得阿耨多羅三藐三菩提 須菩
提 所言善法者 如來說 即非善法 是名善法

須菩提 若三千大千世界中 所有諸須彌山王
수보리 약삼천대천세계중 소유제수미산왕

如是等七寶聚 有人 持用布施 若人 以此般
여시등칠보취 유인 지용보시 약인 이차반

若波羅密經 乃至四句偈等 受持讀誦 爲他
야바라밀경 내지사구게등 수지독송 위타

人說 於前福德 百分 不及一 百千萬億分 乃
인설 어전복덕 백분 불급일 백천만억분 내

至算數譬喩 所不能及
지산수비유 소불능급

"수보리야, 만일 어떤 사람이 삼천대천세계 가운데 있는 모든 수미산왕만큼의 칠보더미를 쌓아 보시한다 하자. 그리고 다른 사람이 이 반야바라밀경과 이 경 가운데 있는 사구게만을 받아 가지고 읽고 외워서 남을 위해 일러주면, 앞서 말한 이의 복덕은 이에 백분의 일에도 미치지 못하며, 백천만억분의 일과 이에 어떤 숫자나 비유로도 능히 미치지 못하니라."

須菩提 若三千大千世界中 所有諸須彌山王
如是等七寶聚 有人 持用布施 若人 以此般
若波羅蜜經 乃至四句偈等 受持讀誦 爲他
人說 於前福德 百分 不及一 百千萬億分 乃
至算數譬喻 所不能及

25. 化無所化分 화무소화분

須菩提 於意云下 汝等 勿謂如來 作是念 我
수보리 어의운하 여등 물위여래 작시념 아

當度衆生 須菩提 莫作是念 何以故 實無有
당도중생 수보리 막작시념 하이고 실무유

衆生 如來度者 若有衆生 如來度者 如來 卽
중생 여래도자 약유중생 여래도자 여래 즉

有我人衆生壽者 須菩提 如來說 有我者 卽
유아인중생수자 수보리 여래설 유아자 즉

非有我 而凡夫之人 以爲有我 須菩提 凡夫
비유아 이범부지인 이위유아 수보리 범부

者 如來說卽非凡夫 是名凡夫
자 여래설즉비범부 시명범부

"수보리야, 너는 어떻게 생각하느냐? 너희들은 여래가 마땅히 중생을 제도한다는 생각을 한다고 말하지 말라. 수보리야, 이런 생각을 갖지 말라함은 무슨 까닭이냐? 실로 여래가 제도한 중생이 없음이니, 만약 여래에게 제도할 중생이 있다고 하면, 여래는 아상, 인상, 중생상, 수자상이 있는 까닭이니라. 수보리야, 여래가 나라고 말씀하심은 내가 있다는 것이 아니다. 범부들이 내가 있다고 여기느니라. 수보리야, 범부 또한 여래가 말한 범부가 아니요, 그저 이름하기를 범부라고 할 뿐이니라."

須菩提 於意云下 汝等 勿謂如來 作是念 我
當度眾生 須菩提 莫作是念 何以故 實無有
眾生 如來度者 若有眾生 如來度者 如來 即
有我人眾生壽者 須菩提 如來說 有我者 即
非有我 而凡夫之人 以爲有我 須菩提 凡夫
者 如來說即非凡夫 是名凡夫

須菩提 於意云何 可以三十二相 觀如來不
수 보 리 어 의 운 하 가 이 삼 십 이 상 관 여 래 부

須菩提言 如是如是 以三十二相 觀如來 佛
수 보 리 언 여 시 여 시 이 삼 십 이 상 관 여 래 불

言 須菩提 若以三十二相 觀如來者 轉輪聖
언 수 보 리 약 이 삼 십 이 상 관 여 래 자 전 륜 성

王 卽是如來 須菩提 白佛言 世尊 如我解佛
왕 즉 시 여 래 수 보 리 백 불 언 세 존 여 아 해 불

所說義 不應以三十二相 觀如來 爾時 世尊
소 설 의 불 응 이 삼 십 이 상 관 여 래 이 시 세 존

而說偈言 若以色見我 以音聲求我 是人 行
이 설 게 언 약 이 색 견 아 이 음 성 구 아 시 인 행

邪道 不能見如來
사 도 불 능 견 여 래

"수보리야, 너는 어떻게 생각하느냐? 능히 32상으로 여래를 본다고 하겠느냐?" 수보리가 아뢰었다. "그렇습니다. 32상으로 여래를 뵈올 수 있습니다." 부처님께서 말씀하셨다. "수보리야, 만약 32상으로 여래를 볼 수 있다면, 전륜성왕도 역시 여래가 아니겠느냐?" 수보리가 부처님께 아뢰었다. "세존이시여! 제가 부처님의 말씀을 헤아린 바로는 마땅히 32상으로 여래를 뵈었다고 할 수 없겠습니다." 그러자 부처님께서는 게송으로 노래하셨다. "만약 바깥으로 나타난 형상으로 나를 보려고 하거나, 들려오는 음성만으로 나를 찾는다면, 이 사람은 사도를 행하는 것이라 능히 여래의 참모습을 볼 수 없으리라."

須菩提 於意云何 可以三十二相 觀如來不
須菩提言 如是如是 以三十二相 觀如來 佛
言 須菩提 若以三十二相 觀如來者 轉輪聖
王 即是如來 須菩提 白佛言 世尊 如我解佛
所說義 不應以三十二相 觀如來 爾時 世尊
而說偈言 若以色見我 以音聲求我 是人 行
邪道 不能見如來

須菩提 汝 若作是念 如來 不以具足相故 得
수보리 여 약작시념 여래 불이구족상고 득

阿耨多羅三藐三菩提 須菩提 莫作是念 如
아뇩다라삼먁삼보리 수보리 막작시념 여

來 不以具足相故 得阿耨多羅三藐三菩提
래 불이구족상고 득아뇩다라삼먁삼보리

須菩提 汝 若作是念 發阿耨多羅三藐三菩
수보리 여 약작시념 발아뇩다라삼먁삼보

提心者 說諸法 斷滅 莫作是念 何以故 發阿
리심자 설제법 단멸 막작시념 하이고 발아

耨多羅三藐三菩提心者 於法 不說斷滅相
뇩다라삼먁삼보리심자 어법 불설단멸상

"수보리야, 네가 만약 이런 생각을 하되, 여래는 구족상을 갖추지 않은 까닭으로
아뇩다라삼먁삼보리를 얻었다 하겠느냐? 수보리야, 이런 생각을 짓지 말라. 여래
가 구족상을 갖춤이 아닌 까닭으로 아뇩다라삼먁삼보리를 얻었느니라. 수보리야,
네가 만약 아뇩다라삼먁삼보리심을 일으킨 자가 모든 법을 단멸이라 말한다는 생
각도 말라. 이는 어찌된 까닭이냐? 아뇩다라삼먁삼보리심을 일으킨 사람은 법의
단멸상을 말하지 않기 때문이니라."

須菩提 汝 若作是念 如來 不以具足相故 得
阿耨多羅三藐三菩提 須菩提 莫作是念 如
來 不以具足相故 得阿耨多羅三藐三菩提
須菩提 汝 若作是念 發阿耨多羅三藐三菩
提心者 說諸法 斷滅 莫作是念 何以故 發阿
耨多羅三藐三菩提心者 於法 不說斷滅相

28. 不受不貪分 불수불탐분

須菩提 若菩薩 以滿恒河沙等 世界 七寶 持
수보리 약보살 이만항하사등 세계 칠보 지

用布施 若復有人 知一切法無我 得成於忍
용보시 약부유인 지일체법무아 득성어인

此菩薩 勝前菩薩 所得功德 何以故 須菩提
차보살 승전보살 소득공덕 하이고 수보리

以諸菩薩 不受福德故 須菩提 白佛言 世尊
이제보살 불수복덕고 수보리 백불언 세존

云何菩薩 不受福德 須菩提 菩薩 所作福德
운하보살 불수복덕 수보리 보살 소작복덕

不應貪着 是故 說不受福德
불응탐착 시고 설불수복덕

"수보리야, 만약 보살이 항하의 모래알처럼 세계에 가득 찬 칠보로써 보시를 해도, 만약 다른 어떤 사람이 일체 모든 법에 내가 없음을 알아 참는 마음을 얻으면, 이 보살은 앞서 말한 보살이 얻은 공덕보다 나으니라. 이는 어찌된 까닭이냐? 수보리야, 모든 보살은 복덕을 받지 않은 까닭이니라." 수보리가 부처님께 여쭈었다. "세존이시여! 어찌하여 보살은 복덕을 받지 않는다고 하시나이까?" "수보리야, 보살은 자신이 지은 복덕을 탐내거나 집착하지 않기 때문이니라. 그러기에 복덕을 받지 않는다고 하느니라."

須菩提 若菩薩 以滿恒河沙等 世界 七寶 持
用布施 若復有人 知一切法無我 得成於忍
此菩薩 勝前菩薩 所得功德 何以故 須菩提
以諸菩薩 不受福德故 須菩提 白佛言 世尊
云何菩薩 不受福德 須菩提 菩薩 所作福德
不應貪着 是故 說不受福德

須菩提 若有人 言 如來 若來若去若坐若臥
수보리 약유인 언 여래 약래약거약좌약와

是人 不解我所說義 何以故 如來者 無所從
시인 불해아소설의 하이고 여래자 무소종

來 亦無所去 故名如來
래 역무소거 고명여래

"수보리야, 만약 어떤 사람이 말하되, 여래가 온다거나 간다거나, 앉거나 눕는다고 하면, 이 사람은 내가 말한 뜻을 알지 못한 것이니라. 어찌 된 까닭이냐? 여래는 온 적도 없고, 그러므로 가지도 않는다. 그런 까닭에 여래라 이름하느니라."

須菩提 若有人 言 如來 若來若去若坐若臥 是人 不解我所說義 何以故 如來者 無所從 來 亦無所去 故名如來

須菩提 若善男子 善女人 以三千大千世界
수보리 약선남자 선여인 이삼천대천세계

碎爲微塵 於意云何 是微塵衆 寧爲多不 須
쇄위미진 어의운하 시미진중 영위다부 수

菩提言 甚多 世尊 何以故 若是微塵衆 實有
보리언 심다 세존 하이고 약시미진중 실유

者 佛 卽不說 是微塵衆 所以者何 佛說微塵
자 불 즉불설 시미진중 소이자하 불설미진

衆 卽非微塵衆 是名微塵衆 世尊 如來所說
중 즉비미진중 시명미진중 세존 여래소설

三千大千世界 卽非世界 是名世界 何以故
삼천대천세계 즉비세계 시명세계 하이고

若世界 實有者 卽是一合相 如來說 一合相
약세계 실유자 즉시일합상 여래설 일합상

卽非一合相 是名一合相 須菩提 一合相者
즉비일합상 시명일합상 수보리 일합상자

卽是不可說 但凡夫之人 貪着其事
즉시불가설 단범부지인 탐착기사

"수보리야, 만약 선남자 선여인이 삼천대천세계를 부수어 먼지를 만들었다면, 네 생각에는 먼지들이 많다고 하겠느냐?" 수보리가 아뢰었다. "매우 많습니다, 세존이시여! 왜냐하면 그 먼지들이 참으로 있다면 부처님께서 이를 가리켜 먼지라고 말씀하시지 않았을 것입니다. 왜 그런가 하면 부처님께서 말씀하신 먼지들은 먼지가 아니라, 그저 이름만 먼지이기 때문입니다. 세존이시여! 여래께서 말씀하신 삼천대천세계도 바로 그 세계가 아니니, 그 이름이 세계인 것입니다. 어찌된 까닭입니까? 만약 그 세계가 참으로 있다면 곧 한 덩어리의 모양이라 할 것이니, 여래의 경계로는 한 덩어리의 모양이 곧 한 덩어리의 모양이 아니요, 그 이름이 일합상이기 때문입니다." "수보리야, 일합상이란 가히 말로 표현할 수 없는 것이거늘, 단지 범부들이 그 일에 탐착하느니라."

須菩提 若善男子 善女人 以三千大千世界
碎爲微塵 於意云何 是微塵衆 寧爲多不 須
菩提言 甚多 世尊 何以故 若是微塵衆 實有
者 佛即不說 是微塵衆 所以者何 佛說微塵
衆 即非微塵衆 是名微塵衆 世尊 如來所說
三千大千世界 即非世界 是名世界 何以故
若世界 實有者 即是一合相 如來說 一合相
即非一合相 是名一合相 須菩提 一合相者
即是不可說 但凡夫之人 貪着其事

須菩提 若人 言 佛說我見人見眾生見 壽者
수보리 약인 언 불설아견인견중생견 수자

見 須菩提 於意云何 是人 解我所說義不 不
견 수보리 어의운하 시인 해아소설의부 불

也 世尊 是人 不解如來所說義 何以故 世尊
야 세존 시인 불해여래소설의 하이고 세존

說我見人見眾生見壽者見 卽非我見人見眾
설아견인견중생견수자견 즉비아견인견중

生見壽者見 是名我見人見眾生見壽者見 須
생견수자견 시명아견인견중생견수자견 수

菩提 發阿耨多羅三藐三菩提心者 於一切法
보리 발아뇩다라삼먁삼보리심자 어일체법

應如是知 如是見 如是信解 不生法相 須菩
응여시지 여시견 여시신해 불생법상 수보

提 所言法相者 如來說 卽非法相 是名法相
리 소언법상자 여래설 즉비법상 시명법상

"수보리야, 어떤 사람이 말하기를 부처님께서는 나라는 지견과 남이라는 지견과 중생이라는 지견과 수자라는 지견을 말하였다면, 수보리야, 너는 어떻게 생각하느냐? 이 사람은 내가 말한 가르침의 뜻을 알고 있는 것이냐?" "아닙니다, 세존이시여! 이 사람은 여래가 말씀하신 뜻을 알지 못하고 있습니다. 왜 그런가 하면, 부처님께서 말씀하신 아견, 인견, 중생견, 수자견은 곧 아견, 인견, 중생견, 수자견이 아니라 그저 그 이름이 아견, 인견, 중생견, 수자견이기 때문입니다." "수보리야, 아뇩다라삼먁삼보리심을 일으킨 자는 마땅히 이와 같이 알며, 이와 같이 보며, 이와 같이 믿고 이해하여 법상을 내지 말 것이니라. 수보리야, 말한 바 법상이란 여래가 말씀하되 법상이 아니요, 그저 그 이름이 법상이니라."

須菩提 若人 言 佛說我見人見眾生見 壽者
見 須菩提 於意云何 是人 解我所說義不 不
也 世尊 是人 不解如來所說義 何以故 世尊
說我見人見眾生見壽者見 即非我見人見眾
生見壽者見 是名我見人見眾生見壽者見 須
菩提 發阿耨多羅三藐三菩提心者 於一切法
應如是知 如是見 如是信解 不生法相 須菩
提 所言法相者 如來說 即非法相 是名法相

須菩提 若有人 以滿無量阿僧祇世界七寶
수보리 약유인 이만무량아승기세계칠보

持用布施 若有善男子 善女人 發菩薩心者
지용보시 약유선남자 선여인 발보살심자

持於此經 乃至四句偈等 受持讀誦 爲人演
지어차경 내지사구게등 수지독송 위인연

說 其福 勝彼 云何爲人演說 不取於相 如如
설 기복 승피 운하위인연설 불취어상 여여

不動 何以故 一切有爲法 如夢幻泡影 如露
부동 하이고 일체유위법 여몽환포영 여로

亦如電 應作如是觀 佛說是經已 長老須菩提
역여전 응작여시관 불설시경이 장로수보리

及諸比丘比丘尼 優婆塞 優婆夷 一切世間
급제비구비구니 우바새 우바이 일체세간

天人阿修羅 聞佛所說 皆大歡喜 信受奉行
천인아수라 문불소설 개대환희 신수봉행

"수보리야, 만약 어떤 사람이 셀 수 없는 아승지 세계에 가득 찬 칠보로 모두 보시하였다 할지라도 어떤 선남자 선여인이 보살심을 일으켜 이 경과 이 경 중의 사구게만이라도 받아 가져 읽고 외우되 남을 위해 연설하면, 이 복덕이 앞서 말한 자의 복덕보다 나으니라. 어떻게 하는 것이 남을 위해 이 경을 설하는 것인가? 그것은 상을 내거나 집착하지 않고 흔들림 없이 있는 그대로 말할지니라. 무슨 까닭인가? 일체의 모든 법은 꿈같고 허깨비 같고 물거품 같고 그림자 같으며 또 이슬 같고 번개와 같으니 마땅히 이같이 여길지니라."

부처님께서 이 경을 설하시자 장로 수보리와 모든 비구 비구니, 우바새와 우바이, 모든 세상의 하늘, 사람, 아수라가 부처님의 말씀을 듣고 크게 기뻐하여, 마음속에 지니고 받들어 행하였다.

須菩提 若有人 以滿無量阿僧祇世界七寶
持用布施 若有善男子 善女人 發菩薩心者
持於此經 乃至四句偈等 受持讀誦 為人演
說 其福勝彼 云何為人演說 不取於相 如如
不動 何以故 一切有為法 如夢幻泡影 如露
亦如電 應作如是觀 佛說是經已 長老須菩提
及諸比丘比丘尼 優婆塞 優婆夷 一切世間
天人阿修羅 聞佛所說 皆大歡喜 信受奉行